静悄悄的革命

——课堂改变，学校就会改变

[日] 佐藤学 /著

李季湄 /译

教育科学出版社

·北京·

译者序

尽管我很早就知道佐藤学先生的大名，但是翻译他的著作还是第一次。翻译此书的决心始于2001年夏天。当时，我在日本考察"生活科"与"综合学习"课程，日本著名的小学馆出版社的编辑朋友向我推荐了这本书。我粗粗一读就产生了把它翻译出来的冲动，因为我被日本教师们的敬业精神、被佐藤学先生的研究态度所感动；被日本同行所碰到的与我们共同的实际问题及他们认真、朴实、讲究实效的教研活动和教学实践所吸引；被书中深入浅出地阐述的课程观、教学观、教师观、师生互动观等所启迪；被作者对教学中形式主义鞭辟入里的批判所震动。

我曾经向实验区的老师们建议："读一读佐藤学先生的著作吧，肯定你们会受益匪浅的。"可他们一听佐藤学先生是东京大学的名教授，又是专搞教育学理论的权威，即刻的反应就是："是不是什么后现代、超现代？读得懂吗？""怕费半天劲读了也派不上用场……"我非常理解这些老师们的想法，毕竟他们有过不少这样的经历。然而，当他们读完这本书之后，佐藤学先生的平易、深刻、务实给他们留下了难忘的印象，他们获得了和我同样的感受。

佐藤学先生在为本书中文版所写的序中将现在正在进行的这场教育改革称之为"静悄悄的革命"。他极其深刻地指出：这场"静悄悄的革命是从一个个教室里萌生出来的，是根植于下层的民主主义的、以学校和社区为基地而进行的革命，是支持每个学生的多元化个性的革命，是促进教师的自主性和创造性的革命"。"这场革命要求根本性的结构性的变化。仅此而言，它就绝非是一场一蹴而就的革命。因为教育实践是一种文化，而文化变革越是缓慢，才越能得到确实的成果。"

在我国，这场"静悄悄的革命"也正在进行中。作为教育理论工作者或者第一线的校长、教师该怎样投入这场革命呢？

作为教育理论工作者，我们能强烈地感受到来自佐藤学先生的挑战。作为日本名牌大学名教授的佐藤学先生"一直在积极地推进这一'静悄悄的革命'"，他"每周去各地的学校访问，幼儿园、小学、初中、高中、养护学校等，看过数不清的教室，在各个教室里观摩，近20年来一直如此"。因而他发现："没有哪一个教室和其他教室飘溢着完全相同的气息，或有着完全相同的问题。"他与校长、教师们一起研讨改革中的问题，"丢开一切抽象的语言"，并从与一线校长、教师的密切接触中，使自己的"研究和实践获得了有力的支撑"。他把自己融入学校的教师和学生中，"与教室里的学生和教师同呼吸"。他说："在想观察什么之前，先把自己作为教室中与大家共同生活的一员。如果我没能与教室中的一个个学生和教师共鸣的话，那么，真实而生动的观察是不可能的。"当我翻译到这些句子时，一种发自内心的敬佩和惭愧几乎同时产生。我禁不住问自己：我们该怎样做教授？该怎样做教育研究？

本书对许多教育实例的剖析和论述对我国现行的教育改革，对一线的校长、教师来说也是颇有启示的。教育这一事业的人性魅力何在？

怎样把学校变成"学习的共同体"？怎样创造以"学"为中心的教学？怎样的教师是优秀的教师？怎样的教育实践是优秀的教育实践？怎样去"倾听"学生、"理解"学生？学校如何实际而有效地帮助教师成长？……本书关于这些问题的许多观点和案例都如此让人感到耳目一新，发人深省！尽管读者一打开书之后就能读到佐藤学先生的许多精辟之言，但我还是禁不住要在这里先"引"为快——

在教室里，与对物对人的冷漠做斗争的实践，应成为以"学"为中心的教学的中心课题。

让教室里的学习成为每个学生都能得到尊重、每个学生都能放心地打开自己的心扉、每个学生的差异都得到关注的学习。

不是听学生发言的内容，而是听其发言中所包含的心情、想法，与他们心心相印。应当追求的不是"发言热闹的教室"，而是"用心地相互倾听的教室"。

要创造以"学"为中心的教学的话，既不是追求"自学自习"，也不是让教室解体为零零散散的个体。

学校应成为"学习共同体"，在教室中要实现"活动的、合作的、探究的学习"。在传统的"阶梯型"课程之外创造"登山型"课程。

当综合学习中创造的学习与学科学习的改革结合起来时，综合学习实践就有可能导致教育课程的整体改革。反过来说，综合学习不管开展得多么好，但如果不能推动学科学习的改革的话，则可以说课程改革就没有成果。日常的学科学习的改革才是中心课题。

小林老师决心从一年做一次法国大菜的教师，变成每日三餐过问柴米油盐并能做出来美味佳肴的教师；他决心把那种期待学生会发生戏剧性变化的教学转变为不间断的可持续培育学生的教学。

加纳校长亲自扛着录像机，一一记录每个教师的教学，倾听教师们的烦恼，坚持与处于教学中心地位的教师们相互学习。若干年轻教师响应了校长的建议，率先开放了自己的教学，在学校内形成了专业的合作的"合作性同事"（collegiality）的关系。

课程建设就是所有教师都进行公开教学、相互交流、相互评价学习经验的创造性的、合作的活动过程。

在教室里并不存在"大家"，存在的只是有自己名字和容貌的一个一个的学生。即使在以教室中的全体学生为对象讲话时，也必须从心底里意识到，存在的是与每个学生个体的关系。教师和学生在同一视线上相互交换目光的关系是教育的基本。

……

日本的学校正在试图摆脱支配其教育一个世纪以上的划一性与效率化，以综合学习为舞台开展"静悄悄的革命"。日本的教师也正在边体验改革过程中的各种混乱状况，边摸索着新的学习方式。这一切与我国的现实状况是何其相似！课程改革是很艰苦、很繁难的，然而"改变教学、改变学校的条件绝不是遥不可及的，使其实现的条件乃存在于所有的教室中，存在于所有的学校中"。因此，衷心希望本书能推动我国的基础教育课程改革，特别是推动综合实践活动、品德与生活、品德与社会等新课程的健康实施。衷心希望本书能有助于我国的教育工作者进一步看清那些应该做的、可能做的和必须做的事情，积极地投入到这一"静悄悄的革命"中去。

"跨越国界相互学习"，这是佐藤学先生的期望，也是我翻译此书的期望。

李季湄

2002 年 5 月

作者新序（2014年版）

对作者来说，没有比超过期待的众多读者爱读他的书更幸福的事了。而且，这本书在日本发行后不久，就被翻译成汉语和韩语，超越国境，作为教育类畅销书持续畅销10年以上。这本书为什么能在中、日、韩东亚三国拥有这么多的读者呢？而且，喜欢这本书的人，中国人比日本人和韩国人不知要多多少，这又是为什么呢？

秘密就在本书中文版的书名《静悄悄的革命》中。本书2000年由日本小学馆出版；中文版《静悄悄的革命》（李季湄译）2003年由长春出版社出版。决定把此书翻译成中文时，我虽然没有想过这本书会在中国教育类图书中销量长期位居前列，但我认定，它有可能助力正处于改革期的中国，推动一场静悄悄的革命。于是，我决定把本书中文版的书名定为《静悄悄的革命》。

本书幸运地和中国读者见面已经有12年了。这12年，是学校和教师以大大超过我的预想的规模，推进"静悄悄的革命"的12年。当初，在"从应试教育到素质教育"口号基础上开始的"静悄悄的革命"，现正在向追求"素质教育"中学习的高质量迈进。虽然农村教育和城市教育差距巨大的问题还没有解决，但中国广大领土上的众多教师专家的能力得以提高，变以知识灌输为中心的课堂为以探究式学习为中心的课堂改革，正作为"静悄悄的革命"在推进。这12年间，北京、上海自不必说，我还访问过四川、陕西、浙江、黑龙江、山东等地方，考察了很多学校，见到了几万名教师。在这些访问中，我为推进"静悄悄的革命"的老师们既充满激情又深思熟虑的实践而深受感动。本书，成为联结我和进行"静悄悄的革命"的中国最优秀老师们的亲密纽带。

本书传递的信息很多，但一以贯之，是唱给老师们创意的、创造的实践赞歌。教学实践，是谁来做都难以避免困难和失败的、高度复杂的智慧实践，有着无法穷尽的广度和深度。那么，支撑着我们每日的创意和创造性的是什么呢？我认为，是给每个孩子学习的尊严、专注教材（学问）的发展性和我们自己的教育哲学这三点。无论在哪里都应尊重这三点，都要高举这一旗帜。我很尊敬举着这一旗帜，每天实践着的老师们。从本书中，如果大家能读到这些隐秘的信息，那我将会感到很幸运。

最后，我想给翻译本书的华东师范大学李季湄教授、再版此书而做了很多筹备工作的朱永新教授，送去由衷的谢意。再者，感谢教育科学出版社欣然允诺出版本书。到目前为止，教育科学出版社翻译、出版了我的《课程与教师》（2003 年）、《学习的快乐》（2004 年）等著作。现在，本书由教育科学出版社出版，是我的荣幸。

借此次再版机会，期待能同中国教育工作者加深联系，促进协作，强化各位教师从教室实践中互相学习的合作性关系，希望在这几方面都能更上一层楼。

佐藤学

2014 年 8 月

作者序（中文初版）

日本学校现已迎来了一个大的转型期。学校内外的社会和文化的急剧变化正在引发一场教室里的教和学的"静悄悄的革命"。本书旨在描述作者曾经访问过、观察过、合作过的日本各地的学校里、教室里正在发生的这场"静悄悄的革命"的状况。本书所介绍的教室里的"静悄悄的革命"即是通过和事物对话、和他人对话、和自身对话的活动过程，创造一种活动的、合作的、反思的学习。这种学习是创造以相互倾听为基础的教室里的交流；是那些力图实现创造性的、合作性学习的教师间的相互学习；也是让家长参与学校改革，使相互合作得以具体化的联系载体。本人一直在积极地推进这一"静悄悄的革命"——创建"学习共同体"的教育实践活动。

综合学习实践正在成为"静悄悄的革命"的舞台。经历了现代化历程的日本学校由于中央集权的控制而形成了划一性与效率化两大特征。以综合学习为中心的"静悄悄的革命"正在试图摆脱这种支配了日本学校一个世纪以上的划一性与效率化。通过这一方式向传统挑战，日本学校将能脱胎换骨，从而更适应知识型、复合型的 21 世纪的知识经济社会。

这场教育革命要求根本性的结构性的变化。仅此而言，它就绝非是一场一蹴而就的革命。因为教育实践是一种文化，而文化变革越是缓慢，才越能得到确实的成果。正如本书所叙述的一个个事例那样，在教育方式和教育观、历史观上，日本的教师正在边体验改革过程中的各种混乱状况，边摸索着新的学习方式。应该说，这种混乱局面决不是坏的征兆，因为一个多世纪以来，日本学校的革命一直是在中央集权的控制下大一统地进行的，而现在正在进行的学校教育的"静悄悄的革命"则是从一个个教室里萌生出来的，是植根于下层的民主主义的、以学校和社区为基地而进行的革命，是支持每个学生的多元化个性的革命，是促进教师的自主性和创造性的革命。

本书中所描述的课堂教学革命旨在使学生从"勉强"（日文中该词的意思是"读书"、"学习"——译者注）转换成"学习"。一个多世纪以来，日本文字中"勉强"这个词一直被广泛地用来表示"学习"之意，而提醒我注意到这个词所表示的文化内涵的是一个来自中华人民共和国的留学生。10年前他来到我的研究室时对我说："日语中把'学习'说成'勉强'，我感到很惊奇。"那时，我就直觉地认识到，实现从"勉强"到"学习"的转换应是学校革命的中心课题。如果没有那位来自中国留学生的一席话，恐怕也不会有这本书吧。

本书能译成中文而让众多的中国教师和学生们阅读，我本人感到万分的高兴。中国和日本同处在东亚地区，历史上、文化上都有源远流长的关系，两国的学校教育在很多地方有相同的课题。我想阅读本书中文版的广大读者一定能够理解两国在有关学校改革课题上的很多共同问题。

我们都有必要跨越国界相互学习，如果本书能成为此过程的第一步的话，我将感到无比的高兴和喜悦。

佐藤学

2002 年 1 月

目录

第三章　设计课程

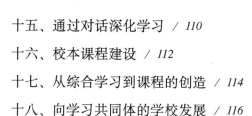

第四章　学校改革的挑战 —— 中小学的实践

前言
改变教学的教师们

今年，在新潟县的山中大雪覆盖的宾馆里，29 位教师会聚在一起。这是每年 3 月由加纳先生（新潟市樱丘小学校长）主办、由我协办的小规模研讨会。研讨会的魅力主要不是来自那些交来的教学录像记录，而是来自现场深入的讨论，来自那些对教学现状和教师生活方式的热烈的探究。我与加纳先生认识是在 8 年以前，那之后，他担任过 3 个学校的校长。他以那些学校为中心，一直持续不断地培养着年轻教师。每年研讨会上所会聚的约 30 名教师都是他的得意门生，每位都是富有个性的、彬彬有礼的、诚实的教师。正是与这样的校长、教师接触，使我的研究和实践获得了有力的支持。

在今年研讨会的报告中，给我印象最深的是小林先生（新潟市樱丘小学），所承担的小学一年级生活科（综合学习）的教学。小林先生是有 10 年教育经验的骨干教师，在此之前，他主要从事以科学课为中心的教学研究，担任一年级的教学还是第一次。他的班有 39 名学生（男生 18 名、女生 21 名），担任这一工作是小林先生的一个重要决断——他决心从一年做一次法国大菜的教师，变成每日三餐过问柴米油盐并能做出美味佳肴的教师；他决心把那种期待学生会发生戏剧性变化的教学转变为不间断的可持续培育学生的教学。

小林的班上看起来进展得比较顺利，却在 5 月份里发生了一个小小的危机。有一天早上，当小林去教室时，在走廊上看见一个名叫彻也的学生由母亲带来学校，彻也在那里哭闹，怎么也不肯进教室。

其他的学生不知发生了什么事情，都在围观，场面一时难以处理。"怎么啦？"小林走过去问彻也，彻也哭着说："老师和妈妈都骗人，说学校里很快乐，都是撒谎！""还不如在家里打电子游戏好玩！"彻也本是个快乐向上的学生，这些话使小林感到十分吃惊！一时无言以对的小林在没有办法的情况下只好对彻也说："学校也许不是一个快乐的地方，但是很多同学不都一直坚持着吗？"这时，在旁边听到这话的芳树同学立刻说："是呀，我们也不觉得快乐呀。觉得学校不快乐的同学举手！"这一下，全班的学生都大声地呼应回答："是的！"并举起了手。好多学生还纷纷叫道："学校是个令人讨厌的地方！"……小林老师被这一切深深地震撼了！但为了马上结束事态，他掩饰着自己苦涩难过的心情，一边说着"哦，不仅仅是彻也同学一个人这样感觉啊"，一边把彻也带进了教室。

面对学生"学校不快乐"的呼声，教师似乎感到无能为力。因为学生的"快乐"的含义与教师所追求的"快乐"的含义是不同的，必须从这样的现实出发。小林在考虑了一番后试探着问："为什么觉得学校不快乐呢？"学生回答说："老师太严厉了！"芳树同学又叫道："觉得老师太严厉的人举手！"全班同学再一次一齐回答："是的！"并举起了手。小林自认为和学生接触时是非常和蔼可亲的，可在学生的面前，他只能暂时无奈地接受了这一现实。

放学后，被学生的问题困扰的小林老师在与校长加纳先生商量后，决定把自己的想法用诗的形式告诉学生。第二天早上，小林把自己写的诗匆匆地抄在了黑板上："教室，锻炼我们的地方。专心听到最后——锻炼了耳朵；专心地观察发现——锻炼了眼睛；清楚明白地说话——锻炼了嘴巴；开动脑筋思考——锻炼了头脑。锻炼，让我们成为有用的人！"小林老师慢慢地读着，学生纷纷议论起来："啊，真棒！""谁写的呀？""哦，小林老师？"而这时，响起了"小林老师作为老师还是不够格的"的声音，全教室一下子安静下来。"为什么呢？"小林问。"因为小林老师太温和了，不再严厉一点不行！"裕子同学边回答边问其他同学，"哪些同学觉得小林老师太温和了？"一下子又引来全班同学的呼应和举手。按照学生的理论，"教师太严厉了或者太温和了都是不够格的"。

以这一件小小的事情为契机，小林老师开始了在教室里构筑"相互学习的关系"的实践，而其第一步是培育班上的学生成为能向同伴"直率地要求帮助的学生"。

小林老师努力营造一种无论什么时候学生都能向人求助的人际关系，这是一种学生能够安心学习的氛围，它能使教室里的关系变得融洽。之后，小林老师以"学习中我们能和谁交往"、"学习中我们怎样与物接触"等，作为所有教学的中心主题，来培育"与人交往"、"与物交往"的学生，从而为培育"相互学习的关系"打下基础。在小林老师的教室里，学生的父母、亲人、社区公民等都可以来参与学习，他们把丰富的学习素材、材料等带进了学校。在小林老师的教学中，他通过活动持续地向相互合作的探究性学习挑战。

小林老师给研讨会带来的录像带是两个月前的"生活科"教学录像。录像中，学生在和社区的叔叔阿姨一起体验了"传统游戏"之后，又接着利用空牛奶盒做了许多玩具，如箭球、不倒翁、陀螺、板羽球等。活动的本意是想利用自然的素材，但由于现在的学生手工技能很差，自然材料对他们来说太难，所以只好改用牛奶盒。当然，在教学过程中，小林也注意磨炼学生的技术。开始时，他用自己做的东西当样品，请几个学生来猜猜其中的诀窍，只用短短的几分钟，就把学生的兴趣激发了起来，让他们兴致勃勃地开始去制作自己喜欢的玩具，收到了极好的效果。小林老师常常说，要充分地重视"开头"，这是宝贵的经验之谈。而差的教师往往只关注"结果"，常常草率地、马虎地"开头"。小林老师常常仔细地观察、注意学生"从哪里开始、怎样开始"，他认为"结果"怎么都行，"开头"决定了一切。可以说，创造性教师的工作常常是从"开头"展开的。学生在默默地、专心致志地投入操作的同时，在一种毫不需介意的轻松关系中相互帮助、相互学习，其状态真是好极了！教师们在观看录像的同时，都被教室里的情景深深地感动了。

教师们对录像最初的感想是："生活科中一提制作，就认为一定要很大的房间才行，而小林老师在这么狭窄的教室里也能够实施成功，真了不起！"关于学生的活动在有限的空间里是否能扩散开的问题，小林老师的看法是："一年级学生要构筑相互学习的关系，最合适的场所就是在教室里这样比较狭窄的地方。"其他的教师也纷纷提问："学生选择了四种玩具进行制作，每张桌子上的学生都做的是不同的玩具，这样好吗？"小林回答说："如果每张桌子上学生都是做同样工作的话，其相互学习的关系会比较平板，会削弱学习和发展的效果。"接着，有老师说："追求相互学习和合作，但是作为合作的前提应是每个学生的必要的自立。"小林也赞同这样的观点。正是小林老师这样一个个明确的判断，使通常生活科中容易陷入无意义的体验主义的"用牛奶盒做玩具"的活动收到了应有的效果。

令人更感兴趣的是学习困难的沙织同学和里香同学的情况。沙织同学有自闭症状，里香同学也有情绪障碍，不大安定。这两个学生选择了四种玩具中最简单的"不倒翁"，两人面对面地坐着，分工配合，共同制作这个玩具。紧靠沙织与里香的学生也非常不错，这名学生在他们两人边上旁若无人似的做自己的东西。然而，当沙织与里香请求帮助时，他马上就爽快地答应。正是他不经意的十分自然的态度使沙织和里香获得了温暖的支持。平时在教学活动中，沙织与里香总要好几次地挨到小林老师身边去，情绪才能安定下来，而这次活动中竟然一次也没有到小林老师那儿去就顺利地完成了任务。当过了45分钟的时候，小林老师让那些还没有做完的学生继续留在教室里，而牵着沙织和里香的手走出了教室。这两个学生在体育馆玩了10分钟游戏后，又回到教室里安静地投入到自己的制作中去。

正如小林老师最初担任这个工作时所表态的那样，这样的教学不是"法国大菜"般的教学，而是最朴素的如"酱汤"般、香味般的日常教学。"如果感到教学空洞虚假的话就不行……"小林老师用谨慎的话语表达了自己对教学的挑战。他认为："判断自己的工作究竟好不好，只能看教室里每个学生的表情、学习的姿态，看他们是否在持续学习。"作为一年来进步的成果，那就是，小林老师"看自己以前的教学录像时感到痛苦！要不喝酒的话都看不下去了"。他还说，现在在教室里，让学生位于前台，自己退居其后，也不再觉得痛苦了。这最后的一言让所有与会者的心灵受到震撼。

小林老师把自己的教学与同事进行讨论开始于三年前加纳校长到樱丘小学上任时。当时，加纳校长亲自扛着录像机，一一记录每个教师的教学，倾听教师们的烦恼，坚持与处于教学中心地位的教师们相互学习。若干年轻教师，如小林、中野、石川、荻野等，响应了校长的建议，率先开放了自己的教学，在学校内形成了钻研业务的互惠合作的同事关系。正是这三年来的成功，支持了小林的教学改革。

在这次研讨会上，每个人相互交流自己的教学经验，共同探索改变教学、改变学校的途径。前年，林老师（新潟市关屋小学）算术教学的录像曾让大家受益匪浅。通过操作具体物体的教学示范，林老师创造了十分精彩的二年级学生共同探究的课堂。倾听低年级学生特有的朴素的发现和理论，深感教学引发了学生有深度的、丰富的教学思维。去年，增井一久老师（新潟市大渊小学）的品德教育、高桥和仁老师（新津市新津第二小学）的综合学习的教学记录也都令人印象深刻。增井老师小心地打开那些经历了班级崩溃而受伤的心扉，给学生以鼓励，引导学生展开富有个性特色的发言和交流。高桥老师的综合学习活动邀请了新潟市临时职员、担任足球指导的非洲青年到教室来共同制作非洲食品。在组织这一活动时，高桥老师决心挑战一件困难的事情——让几年来都不肯上学的惠同学到教室来参加这个活动。高桥老师做出了这样的判断：教室中与平时完全不同的空间和人际关系也许能成为惠同学参加活动的条件。结果惠同学果然来了，她愉快地参加了非洲菜的烹制。活动后高桥老师将惠同学请到前面来，并无条件地接纳了她说的一切，越听越产生共鸣。惠同学在家庭中的苦恼、不能来上学的苦恼等，使高桥老师不知不觉地忘记了自己的教师身份，"我有时候也为不想来学校而感到很苦恼"。他把自己的苦恼与惠同学的苦恼联系起来，与她亲切交谈。当惠同学告别大家，说"明天见"时，大家才注意到结束时间已经到了。高桥老师竭力地说服惠同学来上学，以热情的话语鼓励她。与高桥老师的担心相反，惠同学从那天起重新回到了教室里，与大家一起相互学习了。

对教学的反思和经验的相互交流成了每位教师成长的食粮。改变教学、改变学校的条件绝不是遥不可及的，而使其实现的条件乃存在于所有的教室中，存在于所有的学校中。而从哪里开启这一可能性呢？在本书中我将通过本人的经验，来探索改变教学、改变学校的道路。

第一章

教室里的风景

——向创造性学习迈进

一、教室里的风景
——关于"主体性"神话

1. 教室

　　每个教室都有一个个固有的风景。我每周去各地的学校访问，在各个教室里观摩，近20年来一直如此。幼儿园、小学、初中、高中、养护学校等，我看过数不清的教室，可以说没有哪一个教室和其他教室飘溢着完全相同的气息，有着完全相同的问题。然而在观摩教学时，无论访问哪个教室，大同小异的教学却极易让人产生误会，以为发生的问题都是一样的。如同在日本找不到一个人与另一个人是完全相同的一样，彼此完全相同的教室是不存在的。由于地区的风土和文化、学校的历史和传统、教师的经验和个性、学生的生活和性格等有着很大的差异，因此每个教室都形成了彼此各异的富有特色的面貌，并按各自的状态构筑着各自独特的世界。

　　通过不断地积累观察教室的经验，我开始形成了这样的看法：忽略教室的多样性和在其中发生的事情的固有性，仅一般性地议论教学是非常空洞而没有什么意义的。但是，那种多样性和固有性怎样表现才好呢？而且，通过这种多样性和固有性的表现，能够给每天在教室里面对不同个性的学生、具有不同个性的教师们提供什么样的启示呢？

　　比如，在一个初中和两个小学里，我3天观察了5节课的教学，一节社会、一节英语、一节语文和两节数学。上周，我还观察了两个小学的生活科、音乐、语文、理科（科学）和体育。学校分别在东京、神奈川、福岛、新潟。授课的教师既有才教书两年的年轻男教师，也有已经退休而被返聘兼职的老教师。学生的状况也千差万别，有坐轮椅来上学的，有从中国来的新生，还有的虽说才读二年级，却已能用六年级学生也未必能灵活运用的抽象语言来解释数学的道理。然而，仅仅像这样来描述这种多样性，再怎么详细，恐怕也难提示出什么意义来。而追随这种多样性来记述教室里发生的事情的意义，才是十分必要的。

在本章里，我想揭示教室里发生的小事的大意义，所采用的素材是在哪个教室里都看得见的日常小事。通过解读这些小事里所包含的深刻内涵，来重新审视每天的教学活动，并以此为切入点，向改革教室迈出新的一步。

2. "主体性"神话

教学是由"学生"、"教师"、"教材"、"学习环境"四个要素构成的。在这四个要素中，最近的倾向可以说都集中在"学生"这一要素上。特别是在重视学生的"需要、愿望、态度"的"新学力观"提倡之后，学生自主地设定课题、主动探索、自己解决问题的"自我学习"形式等，均被树立为理想的教学形态。从上周到这周我观察的 10 个教学活动中，都强调"自己解决"、"自己决定"、"自我实现"等，即只针对上述四要素中的"学生"这一要素，这是一种将学生的"主体性"绝对化的倾向，现在所有的教学中几乎都能看到这一倾向。

比如：为了教师不提出课题而一定要学生提出课题，而对
"学习的预期"展开讨论的小学二年级乘法教学；以学生凭借自
己的力量解决课题为目标，让学生发表各种意见的小学六年级
"合作"教学；创作自己的音乐进行表现的小学四年级的"大
鼓"教学；交流调查图书馆服务方法的小学三年级教学；阅读文
学教材，制作着眼自己个人的计划表的小学五年级语文教学，等
等。所有的教学都是追求学生自己设定课题、自己提出与课题接
近的方法并实现课题的"主体性学习"。每次观察这些教学，我
都陷入沉思，思考这一支配着我国教师的"主体性"神话。这实
在是一个极为麻烦棘手的问题。

教学中的"主体性"神话形成于大正时代的自由教育，在
"二战"后的新教育运动中得到了进一步扩展。"主体性"神话
之所以难以克服可列出诸多原因，例如，这一神话在中国、日
本、韩国、朝鲜、新加坡等儒教圈的国家，可以说是其学习观的
特征，把"学习即生活"理想化的倾向也是这五个国家的特征。
作为其象征性的事例，如美国"生活教育"的批判者杜威的教育
理论在这几个地方却作为"生活教育"的理论而导入。具有讽刺
意味的是，这几个地方在把"主体性"绝对化的同时，其教学的
状况又是世界各国中，被大一统教学形式最顽固地支配着的地
方。这些国家在近代学校建立之前，只存在"自学自习"，并不
存在"教授"这一概念，所以"教育"这一概念也不存在。这些
矛盾的关系应当怎样来理解呢？关于这点只能另文论及，但关于
"主体性"神话是怎样在教室里出现的，下面将谈谈这个问题。

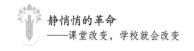

3. 悬在半空中的主体

培育学生成为自立的、自律的学习者是教育的一大目标，对此谁都不会有异议。而所谓"主体性"神话却是将学生与教师的互动、与教材以及学习环境等割裂开来，让教育成为仅仅针对学生的需要、愿望、态度等学生自身的性格取向来进行的神话，成为把学习理想化为只由学生内部的"主体性"来实现的神话。与这一神话不同的是，在欧美，"主体（subject）"这一概念是作为"家臣、从属"的意义来考虑的，这样一来也许就明了了。在欧美，神、自然、国家、真理、民众的意志等，由于成为超越自身的从属者，而被认为获得了"主体性"。学习的"主体性"要求的"谦虚"正是源于这样的"主体＝从属"的思想根基。不过，在我国完全没有"主体＝从属"的思想方法。我国"主体性"的意思，可以说，是从一切从属关系或制约中获得自由，完全根据自己内在的思想而行动。这样的"主体性"不成了"我行我素"吗？进一步说，这样的"主体性"难道不是丧失了其应有的从属关系而成为悬在半空中的"主体"吗？

"二战"后的教育让学生从国家、教师或家长的权力统治下解放出来，开始追求以学生的兴趣、学生关心的问题为出发点的教育。以这种土壤为基础，教师也好、家长也好，于是都浸透了这一"主体性"神话，即认为一切自主的学习都是理想的学习。然而，战后的学生并不是在国家、教师、家长的重压下痛苦地生活，而是在国家、教师、家长提出的"主体性生活"的强制下不堪重负。其实，强制给学生的东西在战前战后都没有什么改变。

"主体性"神话是在将教学中的"自学自习"理想化，将"自我实现"或"自我决定"等理想化之后产生出来的，即让"自学自习"、"自我实现"或"自我决定"均体现独立自学之理想。但是，在教材、学生、教师等同时介入的教学过程中，单将其理想化是不行的。学生自立、自律的学习必须在与教师的互动中，在与教材、教室中的学生以及学习环境的关系中来加以认识。学习只在与教师、教材、学生、环境的相互关系中，才能够得以生成、发展，儿童的"主体性"不是和这一切毫无关系而独自起作用的，学生的需要、愿望、态度等也不是在这些关系相互作用之前就存在的。

4. 应当讨论的问题

今后的教学，显然应当从大一统的传授型方式中蜕变出来，以学生的个性化学习为轴心，向着活动的、合作的、反思的学习方式转变。正因为此，教学必须建立在还原学生的"主体性"、克服"主体性"神话的基础上。在笼罩着"主体性"神话的教学中，尽管学生不断地应答："是的！""是的！"表面上看起来非常活跃，而实际上学生学习的内容杂乱、学习的质量低下，教育被表面化，陷入了浅薄与贫乏。

"主体性"神话是一个与我国的教育状况相联系的十分难解决的问题，也是一个渗透到教师血脉里的顽固的文化问题。在下一节中，我将聚焦这一"主体性"神话的若干具体问题，就促进学生的自立性和自律性——"教师"、"教材"、"学生（同伴）"、"学习环境"四要素的相关变量——的教学方法进行探讨。

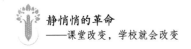
二、产生主体性假象的温床
——教学中的形式主义

1. 手势

让学生表现出虚假主体性的教室很多，其中最常见的是利用"手势"进行教学。所谓"手势"教学，就是教师在教学中让学生以游戏里常用的"石头、剪刀、布"的手势来表达意见。如对前面同学的发言表示赞成，就举出"布"，反对的话就出示"石头"，想提问时就举起"剪子"。在参观教室时，没有哪次看不到"手势"教学。当然，在所有的教室里都能够观察到无数丰穰的内容，决不会令人失望。但是，仅用"手势"的教学制造的是"啊，还不行呀"的忧郁气氛和"究竟这位老师把学生看作怎样的存在"、"他认为教学是什么样的行为"等接近气愤的情感。

了解"手势"效果的老师肯定会反驳说："学生的意见一目了然，怎么不好呀？""学生能活跃地参加教学，怎么不好呀？"的确如此，在使用"手势"的教室里，教师能够迅速、直接地判别学生的意见分布，指名谁来回答问题等，并能看到学生发言十分踊跃的现象。因为很多教师都认为学生总是想发言的，所以这一方法在教室里普及的原因就不言自明了。然而，搞"手势"教学的教师是令人失望的，看到学生用"手势"示意"是的、是的"一类活泼发言的状况更是令人失望。

在相互交流感想时，大多数教师注意到了"手势"教学的不正常状况。对此方式抱怀疑态度的教师提出了质疑："如果认为打手势是个好方法的话，那么教师为什么自己不实践呢？为什么不在教职工会议上提议用手势法来开会呢？为什么在研究会、家长会上不亲自使用手势呢？"面对这样的问题，几乎所有的教师都感到不好意思，他们也理解了我失望和生气的原因。但是，仍然有教师不认为"手势"教学是个问题。于是，我们就请他说一说，为什么一定要强求学生在教室里使用他自己在教职工会议上都不用的方法。这样做是为了让教师认识到，"手势"教学是把学生当成了教学过程中只能向教师打手势的被操作的对象，这种教学把教室里的相互对话与日常的相互对话割裂开来，使其成了人为的游戏。

2．束缚思考的东西

"手势"在操作上制约着学生，被强迫使用"手势"的学生割舍了思考、情感的多义性、复合性，发言时被强制地将自己内心产生的情感和思想分成"赞成"、"反对"、"提问"三部分。因为只能赞成或反对，所以一开始就把那种既不赞成也不反对的意见排除在外了。而在教学中价值最高的也许恰恰是这种模糊的多义的意见。尊重这些模糊的多义的意见，能够建立起教室里对个性多样性的意识，从而在相互的交流中，能使每个人的认识达到更加丰富、深刻的程度。

"手势"教学里更大的问题是，应用此方法的教师似乎有一个牢固的信念，认为思考或意见都应该清楚、明晰地发表出来。正因为此，就要求学生从一开始就明确地表达"赞成"、"反对"、"提问"的立场，清楚地说出自己的思想与情感。"声音再大一点！""再清楚一点！"都是教室里使用频率最高的词汇。对清楚、明确的要求深信不疑的教师是不可能理解学生那些踌躇不定的、没有把握的发言的价值的，是不可能理解那些孕育着微妙的、不确定的、模糊暧昧的思考、矛盾、冲突的复杂情感的价值的。在这些教师的教室里，那些慢慢思考问题的或用不明确的语言描述自己并进行思考的学生，都会被贴上"理解迟缓"、"发言不积极"的标签而被撤到一边，被教师以达不到所要求的"明晰的"语言和表达力而"善意"地撤到一边。

学生在认识和表现事物的同时，也在表现自己并构建和他人的联系。在这类学习行为中，其不确定的思考或表现与那些确定的思考和表现具有同等重要的意义。确定的思考或表现容易变成一种把思想和情感定型化的行为，而不确定的思考和表现往往在创造性的思考和表现中更能发挥威力。一切创造性行为都是发自不确定的语言，探索地进行着的行为。不确定的言语能深入其他学生的心中，能有实实在在的说服力。关于这一点，做教师的大概谁都知道吧。但是尽管这样，大多数教师在教学中，比起不确定的回答来，还是更要求清楚明确；比起小的声音来，更要求声音洪亮；比起模糊的表现来，更要求明晰的描述。活泼热闹的、一个接一个的教学活动就是好的教学的"主体性"神话，牢牢地捆住了教师的头脑和身体，"手势"教学只是其中一个特征性的现象罢了。

3. 主体性的假象

日本小学教室里的特征是"闹哄哄"（发言过剩），而初中、高中教室的特征是"静悄悄（拒绝发言）"。因工作关系，我常常陪伴欧美各国的来访者到学校去参观，问及客人的第一印象，都谈到这两个特征。每年我去访问海外的学校，观摩了很多的教学，比较之下也认同他们对日本教室的印象了。这究竟是为什么呢？看来是因为在欧美小学里，学生是从小声的不甚清楚的发言开始起步的，进入初中、高中后，越往上走越能活泼地、明确地发表意见或表现自己，渐渐地成长起来。与此相对，为什么日本的小学里闹哄哄的发言过剩的学生到了初中、高中后就会表情麻木、拒绝发言、沉默不语了呢？这一问题也许是重新审视我国的教学时最大的问题之一吧。

造成这一现象有若干原因，诸如班级人数、一统化教学形式、讲究效率的课程，等等，由制度性约束而派生出来的问题相当多，但是绝不仅止于此。学校（教室）的文化，追求虚假主体性的教学中的形式主义等，不也是很大的问题吗？可以这样来看：如果在幼儿园、小学时代过分地强加以虚假主体性的话，到了初中、高中后，学生就会尽全力去反抗小学时代被驯服出来的虚假主体性，从而使他们不可能实现自身的自由成长。如果的确是这样的话，那么造成学生到了初中、高中就拒绝发言，常常面无表情地坐在教室里的情景，就不仅仅是初中、高中任课教师的责任了，幼儿园、小学的教师也必须对此负责任。

除了"手势"之外，追求虚假主体性的教师的意识和由此意识而产生出来的教学形式主义渗透了我国教室的每个角落。上课从"起立！敬礼！"开始，到"起立！敬礼！"结束。尽管这个"起立！敬礼！"现已演变为"从现在起，开始上第×节课了"

的委婉的表现形式，但是其本质仍然与过去是一样的。从座位上站起来发言的情景在欧美诸国早已基本上消失了，但在日本却还是大多数教室里常见的现象之一。还有，不知从什么时候开始的，"补充"这个词在日本的许多教室里流行起来。然而，如果是表现自己的一种理解方法或者想法的话，无论其发言怎样，应该是没有什么好"补充"的。再有，在一部分教师中正在实践着一种指名方式，即发完言的学生一定要指名下一个学生，这也可视为虚假主体性现象的一种表现。有很多这样的现象其实是可以马上得到纠正和克服的。

说起来，在追求虚假主体性的教师的意识深处，有着与学习的活动或内容无关的、想轻松方便地控制教室、维持秩序的欲望。应该说，那些对枯燥无味的或者无意义的课题表现消极、毫无兴趣的学生不仅是自然的，也是健康的，对这些学生的表现，教师应视为理所当然，并首先有必要来一番认真的自我反思。而那些不论对什么课题都抱着积极的"态度、关心、欲求"的学生在认知上是不健康的，是思维逻辑懒惰的学习者。教师应当摆脱那种在授课中只想达到快乐目的而迁就学生的想法，允许进度慢一点，允许学生发言模糊一点。解决这个问题的切实可行的开端是教师应意识到，自己站在教室里是在和学生一起"共度愉快的时光"。如果这样认识的话，教师就可以从单方面地要求学生发言的想法中跳出来，而转变为在组织、引出学生发言之前，仔细地倾听和欣赏每一个学生的声音。应当追求的不是"发言热闹的教室"，而是"用心地相互倾听的教室"。只有在"用心地相互倾听的教室"里，才能通过发言让各种思考和情感相互交流，否则交流是不可能发生的。

三、以"应对"为中心的学习和教学
——超越"主体性"神话

1. 润泽的教室

20年前，在我刚开始访问和观察教室的时候，有一个词语是自己完全没有弄明白的，那就是"润泽的教室"。当时用此来形容教室，然而在对教室中洋溢着的那份美好产生感动的同时，我却对很多东西根本没法说清楚。为什么是"润泽的教室"，是因为儿童在宽松地、充实地学习吗？为什么是"润泽的教室"，是因为能让多种多样的想法产生出来，教学能够不失时机地展开吗？为什么是"润泽的教室"，是因为学生、教师以及参观者都能沉浸在心情舒畅的气氛中吗？当时的我，对"润泽的教室"这个词语，虽然知道是指一种氛围、一种心情，但对其所包含的精髓、它的意义，我是基本不理解的。因此，我不可能将之作为自己的话语来加以使用。

但是，通过后来参观、记录了若干教室的状况之后，我对这种"润泽的教室"的意味开始渐渐地能够理解了。可以说，与之相对而为另一个极端的教室，是由那些缺少人情味的硬邦邦、干巴巴的关系构成的教室。如像那些吵吵闹闹、发出怪声的教室；那些仅仅是白热化的发言竞争，学生表面活跃地不断叫着"是的"、"是的"，高高地举手的教室；那些空气沉闷、学生的身体坐得笔直笔直的教室；等等，大都可划归入这一类。

在"润泽的教室"里，教室和学生都不受"主体性"神话的束缚，大家安心地、轻松自如地构筑着人与人之间的关系，构筑着一种基本的信赖关系，在这种关系中，即使耸耸肩膀，拿不出自己的意见来，每个人的存在也能够得到大家自觉的尊重，得到承认。"润泽"这个词表示的是湿润程度，也可以说它是表示了那种安心的、无拘无束的、轻柔滋润肌肤的感觉。"润泽的教室"给人的感觉是教室里的每个人的呼吸和其节律都是那么的柔和。

2. 作为"被动的能动性"的主体性

"润泽的教室"是"主体性"神话的对立面。"主体性"是根植于去掉了"被动性"的单方面的"能动性"。而与此相对的"润泽的教室"则是以"被动性"为基础的，在那种教室里的活动，是以可被称作"被动的能动性"的"应对"为基础而开展起来的。"主体地学习"这一口号之所以总带着一点遥不可及的缥缈感，是因为这一口号忘记了在人能动地活动的前提中，就有与人或物的"应对"这样的"被动性"。

实际上，仅仅是精力充沛、干劲十足，却对周围的人或环境状况缺乏应对能力的人，往往是显得滑稽可笑或者四处碰壁的。例如寒暄问候就很能说明问题，要让寒暄令对方听起来心情愉快，就需要传递出能与对方呼应的话语；如果只是单方面地、不考虑对方状况地打招呼的话，那带给对方的只可能是怏怏不快。交流（communication）并不是突然发出信息然后得到应答，而是在发出信息之前就准备好了与对方的"应对"。打电话时的"喂，喂"，写信时开场白的寒暄等，都可视为是发话人在谋求与对方对应的话语。"早上好"的问候、打电话时的"喂，喂"、信中的季节寒暄，等等，这些行为与其说是在打招呼，倒不如说是在边打招呼、边听取对方无声的语言。

这一事例说明了在教室里的交流中，倾听远比发言更加重要。然而，大多数教师却仍然以学生的"发言"为中心来了解他们的想法，而并不认真仔细地对待"倾听"。于是，比起擅长发言的学生来，那些在学习上不多言语，然而善于倾听的学生尽管应该被评为优秀，但在这些学生的通知书上却常常被写上"更加积极地发言吧"。其实，对那些不多思考就草率发言的学生，倒是该写上"更加注意仔细倾听吧"。再进一步说，如果我们希望在课堂上更好地培养学生的言语表现力的话，那么与其鼓励他们发言，不如培养其倾听能力。这看起来好像离得远些，其实却是一条捷径。在教室里，倾听的能力培养起来之后，课堂的言语表现才会变得丰富起来，而不是相反。

3. "应对"的活动

"被动的能动性"正是我所追求的教和学的形态。教也好，学也好，都应该是以"应对"的应答性活动为中心来组织的。因此，从这种"被动的能动性"，或者"应对"的视角，我们来重新审视一下学生的学和教师的教之间的结构。

对于学习这一能动性的活动来说，"应对"这种被动的应答也是其基础的基础。比如阅读语文课文，通过阅读行为，学生被唤起了怎样的印象？对于这一被动的"应对"给以怎样的密切注意或表现出何种敏感，可以说决定了整个阅读。再比如解决数学问题，读了教材上的问题后，学生形成了怎样的问题印象？他是将之作为怎样的问题来认知的？这些是决定性的。

对于具体表现教学内容的教材的"被动的能动性——应对"是很重要的。然而不仅如此，对主导地组织课堂学习的教师的言语的"被动的能动性——应对"，以及对其他学生的言语的"被动的能动性——应对"，对自己自身的感情、印象或思考中的犹豫的"被动的能动性——应对"，都在学习中有决定性的重要意义。

应对教师的言语、教室里同学的言语会在我们心中唤起一些东西，让这种被唤起来的东西结晶为自己的言语，让自己的这些言语和教材中的内容、和其他同学的言语相互碰撞，在学习发展的动态过程中，这种"个体和个体的相互碰撞"不断地产生出来。正因为动态的学习过程就是小小的差异相互反响激荡的过程，因此学习中需要十分谦虚和密切的关注。自古以来，人们就认为"慎学、善思、明察"在学习中起着决定性的作用。古今的一切文献中，言及学习都追求这一"慎学"本质，而"自主性"、"主体性"或"努力"、"欲求"等并不是学习的本质。

4. 以"应对"为中心的教学

"被动的能动性——应对"不仅在学生的学习中是中心，在教师的教学中也是中心。然而，大多数教师却没有理解这一点。因此，教师在说"在我的教室里，学生的发表能力和表现能力很欠缺"这类事时，完全像是在说别人的事似的。出现这样的课堂状况，其实应当归因于教师没有以"被动的能动性——应对"为中心而展开教学。最好仔细去看看课间休息时的学生，哪个学生的表现是"发表能力和表现能力很欠缺"呢？

那么，以"被动的能动性——应对"为中心的教师的活动该是怎样的呢？其第一要义是，在课堂上以慎重的、礼貌的、倾听的姿态面对每一个学生，倾听他们有声的和无声的语言。我在许多教室里观摩过教学，在上课一开始教师向学生讲话阶段，只需感受教师的身体和语言，就能大致知道其教学的成败。在学习能够丰富地展开的教室里，教师在向学生讲话时，不仅能意识到自己的言语，选择合适的言语，还能有意识地专注地倾听学生的言语，其"讲述"的行为同时也就是"倾听"的行为。

能生动地促进学生学习的教师在对学生群体讲话时，能做到与一个一个的学生展开对话，而不是以群体为对象进行谈话。因为在教室里的是一个一个的学生，而不是铁板一块的学生群体。而且，教师边与每个学生谈话，边倾耳静听每个学生尚未说出的话语，在对话的过程中，竭力以自己的身体语言和情感去与学生的身体动作和起伏的情感共振，能在有这样的教师的教室里学习的学生是非常幸福的。

然而，有不少的教师对学生身体所传达的信息漫不经心，麻木不仁。当学生不听讲时，大多数教师是责备学生的"听讲态度"，而极少有教师反省自己的"讲话方式"，极少有教师认为以自己的"倾听方式"或"身体姿态"为轴心所构成的与学生的交往方式有问题。也可以说，教师的全身心还没有对每个学生敞

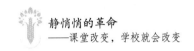
开，没有与每个学生的思考或情感相互呼应、相互应答。

在那些还没有推翻"主体性"神话的教室里，要开始为改革做准备的话，必须设定以"被动的能动性——应对"为教师与学生活动的基础。

四、"应对"的教师的身体和言语
——倾听学生的发言

1. 在某次研究会上

这是在某次研究会上，讨论某小学五年级语文课录像的事情。学生的发言一个接一个地单方面连续发出，怎么也联系不起来。而常见的情况是，教师针对此一个一个学生的发言，一一地进行补充："是说的 ×× 的事情啊。""你在说 ×× 吧。"正因为如此，尽管每个学生说话的意思变得明了了，但其发言和发言之间的微妙的相互碰撞或相互联系却没有产生出来。这一问题被大多数与会者看出来了，一时间，就同样的失败教训，好些教师兴致勃勃地谈开了。如果仅到此为止的话，那就是一般研究会上常见的情景。而这个会却没有到此结束，这正是近 20 年来一直参加这种研究会的乐趣之所在。

有一位与会者提出这样一个问题："我也同样多次失败过，为什么会那样呢？"这是一个很有意义的困惑。为什么教师要对学生的一个个发言一一附和、帮腔，一一评价，一一概括其意思呢？

问题引起了一阵小小的轰动。在片刻的沉默之后，有一位教师这样回答："在我看来，大概是为了不出现冷场。上课时常有这种感觉，觉得教室里如果沉默的话，蛮可怕的。"接着，另一位教师也发言说："我也害怕沉默。我想，也许那种可怕感与'不能等待'是连在一起的。但是，真正的原因其实是因为不相信学生的阅读理解。""结果一旦不像自己所想的那样说出来，我就感到不能接受。"他又做了一下补充。

对有关教学的根本，从稍稍不同的角度，其他的教师继续发表意见："我认为文学的教学变成谈话的教学是有问题的。即是说，很多教学都是按这种模式进行的，开头教教科书的时候仅仅只是读，其后则以发言和问答来结束。这样一来，由于学生的一个个发言不可能与教科书的语言呼应，容易造成学生的想法或意见分散，于是教师就想把一个个发言的内容加以确认。就学生来说，也不会不想得到教师的评价、肯定或确认吧。"这个意见是阅读教学中的根本问题。接着，又有教师指出："完全有同感，作为阅读教学，在一节课里面，能让学生多少次与教科书的语言发生新鲜的接触，这是决定教学成败的事，很有必要返回到阅读教科书中去，一节课中若干次反复地阅读。希望教学以这样的方式展开，如果这样的话，教师对学生的每一个发言所采取的一问一答式的附和不就没有了吗？"

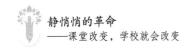
2. 应对的身体

谈话正进行到这里时，提供录像记录的任课教师提起了话头："大家的意见我感到都说到了要害，很值得我参考。不过，我想还有一个另外的理由，像大家所看的录像那样，我对学生的发言一个一个地确认：'是说的 ×× 意思吧。'并将之板书。现在观看自己的上课录像，我也注意到了这种现象。其实我在板书时，一直在考虑：'下面怎么办呢？'不管是在面对黑板时，还是在回头看学生时，都在边考虑怎样推进教学，边倾听下一个学生的发言。由于经常在考虑：'下一步怎么办？'因此，我只想听到学生的意见和自己的考虑是一致的。"

这位授课教师以敏锐的反思感动了所有的与会者。情况的确像他所说的那样，再一次重新审视录像中的教学，就能看到，授课者虽然在"嗯、嗯"地点头，热心地倾听着学生的发言，但是发言的学生却不觉得老师已经把自己的话听进去了。可以看到，倾听的教师与其说是在专心接纳学生的话语，还不如说在学生说话之前，对怎样理解其发言，就已经胸有主见了。于是，"是这个意思吧"，就把学生的发言确认并写在了黑板上。之后，因为又得面对下一个学生的发言了，所以教师自身也好，教室里的观摩者也好，都难以通过每个学生的发言与他们沟通起来并相互呼应回响。

一位与会的教师谈起了自己的体验："那种'下一步怎么办'的焦虑感觉，我是太理解了！"这位教师年轻时也和这位授课者一样，在上课时把整理过的学生发言一一写在黑板上。由于那样做就不能面对着发言的学生了，于是受到了老教师的批评。那之后，

"不管怎样,我都专心地全部地接纳一个个学生的发言了"。

接着他还补充道:"这样一来,我听到了在此之前没能听到的学生的话语,连不能用言语表达的学生的想法也能感觉出来了。"

就这个发言有两点想做一下评论。第一点是教师"倾听"的意义。倾听学生的发言,如果打一形象比喻的话,好比是在和学生玩棒球投球练习。把学生投过来的球准确地接住,投球的学生即便不对你说什么,他的心情也是很愉快的。学生投得很差的球或投偏了的球如果也能准确地接住的话,学生后来就会奋起投出更好的球来。这样的投球般的快感,我认为应当是教师与学生互动的基本。

然而,多数的教师只注意自己教学的进度,并没有去想准确地"接住"每个学生的发言,未能与那些倾心"投球"的学生的想法产生共振。因此,说授课过程中学生的"投球"纷纷落地的确不为过。还有更严重的是,有的教师自己没有接住球还让学生去替他捡,像这样的互动如果持续的话,那些投不好球、投偏球的学生就会变得讨厌投球,甚至还会讨厌他们自己。结果,仅仅只有那些擅长事先了解教师棒球手套状况的学生,才会瞄准教师准备好的手套位置把球投过去。当然,明确地控制教学的进程是教师必要的工作,而在此之上,首先让教室里的"投球"成为愉快的事情,不是更加重要吗?再说深一步的话,不擅长接球的教师,应当专心一意地正面直对学生,去接住他们的每一个球,重视他们的每一个球,而不要以为只有按自己的教学计划上课才是上课。

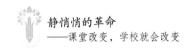

3."理解"学生的发言意味着什么

第二点是从这位授课者的发言中我们应当学习的东西。问题是所谓"明白"了学生的发言究竟是什么意思。一般来说，如这位教师所做的那样，认为每个学生发言内容的意思都准确地、确切地认识了，就是明白了。正因为如此，这位教师热心地点头、恭听学生的发言，并提炼发言内容的要点，记录在黑板上。然而，这位教师已经说了，在他的"倾听方式"中没有能够"听到"学生的发言。的确，这种"倾听方式"是听不到学生的声音的。正因为此，学生一个个的发言才会东分西散而联系不起来，产生了发言学生纷纷受到限制的现象。这个问题要怎样考虑才好呢？也就是说，这位教师为什么会说过去的"倾听方式"是"听不到"的呢？

这里在说"理解"学生的发言时，围绕着两种"理解方式"，这当中就隐藏着问题。一种是"理解了意思"的"理解方式"，用英语来说就是 understanding 的"理解方式"。这种"理解方式"是多数教师意识到的，也是这位授课教师在录像中实行的"理解方式"。但是，我们在理解人的话语时的"理解方式"，却并非止于理解其说话内容。人与人的交流与计算机信息传递的原理是不同的，如果不能"理解"对方话语中渗入的而又没明说的想法，没有"理解"其话语所暧昧地表达的意思或言语背后所指的话，是不可能产生心领神会的感觉的。是否有人认为，只要听到对方回应一句"您所说的事是这样的吧"就算言语相通了呢？

而另一种"理解方式"是去体味对方话语中潜在的复杂想法，

即英语中 appreciation 所表示的"理解方式"。这样来考虑"理解"的话，站在欣赏、体味学生发言的立场，"倾听"的重要性就突现出来了。这种"倾听方式"不是听学生发言的内容，而是听其发言中所包含的心情、想法，与他们心心相印，从而产生"啊，真不简单"、"原来如此"、"真有趣呀"等共感共鸣。唤起这些情感体验可以说是倾听学生发言的"理解方式"应具有的最重要的意义吧。如果教师总是被"下一步怎么办"的观念束缚着的话，那是不可能产生"欣赏"、"体味"的"倾听方式"和"理解方式"的。

五、以学为中心的教学
——千方百计地促进交往

1. 教学观的混乱

现在以"学"为中心的教学正处于兴盛状态。日本文部省或者说中央教育审议会的报告书里也使用了"学"这一用语。无论参加哪个学校的研讨会，都在用"主动地主体地学的学生"、"培养自学能力"等话语来谈论对新的教学改革的印象。以"学"为中心的教学改革的确应当受到欢迎。如果认为我国的学校教学未能从效率化地传递网状知识的划一式教学状态中摆脱出来，因而造成了学生被动的现状的话，那么现在"学"的热潮是应当产生的。下面来看看它产生的经过。

让"学"这个词普及开来的人是我自己。在10年前，我和我的同事佐伯胖先生一起，确认了表示"学习"的词中，learning这一动名词没有表现出动态的感觉，而决定用"学"这个具有动感的词来表现，这是最初的动机。这一想法在《学习和文化》（全6卷，东京大学出版社）这一我的同事藤田英典也参与编辑的系列图书中结出了果实，之后，"学"这个词就在一般的新闻或杂志里普遍使用。现在，它比"学习"这个词更为大家熟悉，用得更加广泛。

但是，在学校教育中"学"的热潮是不是只在表面流动呢？最让我感到不和谐的是最近"自我教育力"一语的滥用。促使教学脱离教师中心的状态也好，让学生个体向自主的学习转变也好，以"学"为中心的教学究竟是为了什么呢？这样做的理由变得不甚明了了，应当明白，近代的学校向古代"寺子屋"回归是没有什么意义的。要创造以"学"为中心的教学的话，既不是追求"自学自习"，也不是让教室解体为零零散散的个体。

从实际情况来看，在以学生的学习为中心的教学中，有不少教师认为自身的作用是很消极的。而实际上，以学为中心的教学较之集体划一的教学来讲，恰恰需要教师更积极地与每个学生更复杂的互动，在划一的教学中，教师的主要精力是用在让全体学生集中听讲，一起思考问题，维持教室良好的秩序，把活动控制在一个方向上。而在以学为中心的教学中，教师的精力集中在深入地观察每个学生，提出具体的学习任务以诱发学习，组织交流各种各样的意见或发现，开展多样化的与学生的互动，以让学习活动更丰富，让学生的经验更深刻。各种引发"交往"和"联系"的活动构成了教师工作的主轴。然而从目前大多数教室的现状来看，教师的洞察力或观察力是发挥得不够的，在支持学生战胜学习上的挫折、促进学生之间的相互交流、让学生表达自己的见解、提高其思维能力等方面，教师的工作都没能够认真地展开。这当中，存在着教师们对以学为中心的教学的认识上的混乱。

2. 在交往中学习

以"主体的学习"、"自我教育力"等词语为标志的热潮，如果说得极端一点的话，其错误是让现代学校的划一教学向古代"寺子屋"的自学自习后退的时代性错误。遗憾的是，在我国的教师中，对在人与人的交往中进行教育、对教师指导下的学生相互交流展开学习的教学形态都不熟悉。因此，一旦划一教学的形式破坏了，就退回到个体的零零散散的"寺子屋"的自学自习状态，将"主体的学习"形态或者"自我教育力"的培养统统理想化。当然，自我主动学习的能力是非常重要的，而在今后的社会中，从异质的他人那里学习的能力是最重要的。

首先，需要了解"学习"一词的确切意思。将"自学自习"、"自我教育力"等理想化的倾向的错误在于，认为学习是个人主义性质的活动。糟糕的是，传统的学习心理学也是将个人作为一个单位来研究学习的，也许是这个原因，教师对"学习"的理解就理所当然地被束缚在个体性活动的认识中。但是，在学校里的学习既不是学生一个人一个人的孤立的活动，也不是没有教师介入而进行的活动。它是在教师的介入下，学生自立地、合作地进行的活动，这才是学校中"学习"的本质。确认了"学习"的意思，再来看"學"这一繁体字的结构，可以说它是这一意思的象征。"學"是我名字中的文字，而对有关这一文字的象征意义我却不甚明白。一调查才知道，这个字中包含着有助于思考的"学习"究竟是什么的重要线索。首先看"學"字的上部，其中间的两个乂表示"交往"的意思，上面的一个乂表示祖先的灵，也就是和文化的遗产的交往，下面一个乂表示学生之间交往的样子。那包着乂的两侧，形为大人的手，意味着大人千方百计地向儿童的交往伸出双手，或者说，表示大人想尽方法支持学生在交往中成长。这就是"學"字上部的结构，这一字体显示了对以儿童为中心的交往的支持。

因此，可以说，在"學"这个字里，以"学"为中心的教学状况被表现到了极致。在教室里正是要构筑这样一种关系，即学生在相互交往中共同成长的关系，而展开这种能触发与支持这一关系的教学的人就是教师。然而，"學"字中显示这种教育关系却在学校中或学校外都濒临危机。儿童不关心他人，相互交往、相互促进的关系非常淡漠；而大人与儿童的关系也单方面局限在"教育热心"上，而并没有积极地想办法去与儿童交往。即是说，儿童也好，大人也好，都如现在"学"字的上部所表示的那样，各自朝着不同的方向，因而相互联系、共同发展的关系就崩溃了。

3. 把"学"置于教学的中心

要实施以"学"为中心的教学，应当以在教室里构筑一种新型的关系为出发点，即让每个儿童持有自己的课题，相互探究，相互交流，相互启发，我将之称为"活动的、合作的、反思的学习"，即是让那种与物与教材对话，与学生与教师对话，与自我与自身对话的学习成为教学的中心。具体地说，就是组织和指导有任务的学习，有小组活动的学习，有学生将自己理解的东西用作品表现出来与同伴共享、相互欣赏的活动的学习。也可以说，就是从个体出发，经过与同伴的合作，又再返回到个体的学习。

但是，在教室里组织这样的学习绝非轻而易举之事。因为我们不能不面对现在学生所存在的严重问题，即对事、对物的不关心，对他人的不关心。而这种对事、对物、对人的冷漠态度并不仅仅只是学生的问题，可以说这是现代人的一种深刻的病理现象。管他有什么情况，发生了什么事情，谁怎样了，统统都与自己无关，这种可怕的虚无主义笼罩着现代社会，连教师也没能脱逃出来。如果不与这种"不关心"的虚无主义做斗争的话，推进真正的学习和让学习富有思想内涵是不可能的。

在教室里，与对物对人的冷漠做斗争的实践，应成为以"学"为中心的教学的中心课题。在这个世界上，存在着无数值得学习的东西，与同伴一起相互学习具有无限丰富的内容，通过这种学习，我们能够改变自己的人生，也能够改变我们所生活的世界。教师自身，通过引发、支持、促进学生的学习，也能够实现自己实实在在的追求。

让我们再来细细地观察一下周围教室里发生的事吧，可以说，在每天发生的事情中存在着无数的契机，让我们得以构筑教室里的"交往中培育"的师生关系。仔细地关注每个学生在理解上、感受上的差异，从这一点开始，就能够向着硕果累累的相互

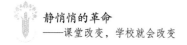
交往迈出一大步。

的确，现在的学生即使在教室里也只想在周边几个人的小范围内交往，不难看到，他们的身体只在以自我为中心、以一米为半径的圈子中活动。要做到让这样的学生能竖起耳朵倾听教室另一角的学生说话，与远处的学生发生相互交流，那必须经过非常耐心的长期的反反复复的努力。当然，在最初一开始的时候，学生只愿意关心身边的同伴的想法或兴趣也是可以的。在教师的言语鼓励下，仅仅能侧耳听稍稍远一点的同伴的声音也是不错的。要在教室里构建相互交往、共同成长的关系，不从这样一些小小的步骤开始是不可能的。

六、每个学生相互作用
——交响乐团式的教学

1. 服装裁剪与交响乐团

如果确定了教学是以学生的"学"为中心，以与学生的应对为轴心，那么，教师的活动该怎样进行呢？这种教师的活动可以作一个大致的区分，主要表现为两种活动形式。一是与每个学生应对的活动，一是与学生各种各样的想法、认识相互激荡回响的活动。

美国的教师对这两种活动有着十分准确的语言表现。前者对应每个学生的活动，他们称之为"tailoring"，这个英文单词的意思是服装的裁剪制作。即是说，像按照每个人的身体尺寸量体裁衣那样去对应每个学生的个性，创造课程；而后者是让各种学生的看法和想象相互碰撞激荡，回响共鸣的活动，所以称之为"交响乐团"。如文字所示，好像不同乐器的声音相互协调地鸣响而产生了交响乐那样，在教室里，各种各样的意见、想法相互呼应便产生了如同交响乐一般的教学。

如果观察以学生的"学"为中心的教学的话，就能够了解教师的活动大致是归于"服装裁剪"与"交响乐团"两类的。杜威先生也曾经说过，在以学生的"学"为中心的教学中，教师的活动绝不是难以理解的。而现在的划一教学所要求的技术其实是非常复杂和费解的。然而，由于现今学校制度的制约，想要实现以学生的"学"为中心的教学，的确要求教师具备复杂和费解的技术，尽管原本教师的活动基础并不像这样复杂，只要以"服装裁剪"和"交响乐团"两类活动为中轴，去触发、组织、发展学生的学习就可以了。

首先来看看"服装裁剪"的问题。学生的学习乃是不断地从个体发出，又回归到个体的，因此教师的活动也应当从应对学生个体出发又回归到学生个体上去，由于对这一点的意识很难，故今日的教学形态基本成了大一统的天下，学生不过是作为"集团"而进入教师的意识的。对此应当说，不管有多么大的困难，都必须把与一个个学生的对应重新作为教学的基本。

最能明确地意识到"服装裁剪"的含义的，是在学生做作业的情景中。"课桌间巡视"是我们教学的常用语，但这一用语总觉得带有傲慢的色彩，而教室并非监工管理劳动者的工厂。因此，"课桌间巡视"这一用语本身就应当用其他不同的词语来更换。在学生做作业时，有许多教师一门心思地把每个学生的想法记录下来，以备下次教学时使用。的确，观看学生的作业并记下各种各样的想法是很重要的，可以说比"课桌间巡视"更适当一些。但是，在学生做作业的这一时间里，教师集中精力去"量体裁衣"是更重要的。无论哪个教室里都有需要帮助的学生，给他们一一对应地"做衣服"，不仅仅是给那些不能达到目标的儿童提供具体的帮助，也是教师自身从教学展开之可能性的角度，去发现个别差异的绝好机会。

在全班学生中，即使在各种声音回响混合的"交响乐团"式活动中，"量体裁衣"的意识也是教师必须一直保持的。因为在进行集体性的思考或探究活动时，能看清、识别每个学生的学习是怎样通过那些活动而与其他学生相互作用的，哪些教材的内容在活动中得以深化并正在发展，都是教学的中心问题。

2. 倾听"异向交往"的话语

在一个个学生的声音相互回响、相互烘托的"交响乐团"中，十分关键的是交往展开的丰富程度、深入程度怎样。关于这个问题，京都大学的哲学家、诗人坂原资明先生在《词语交往论》（五柳书院）一书中对"交往"的四种分类给我们以启示。他划分的四种交往类型是：只有一方讲话的"单向交往"、相互交谈的"双向交往"、被拒绝被阻挡的"反向交往"、思路各异的"异向交往"。

对照这四种交往类型，以前教师所进行的交往不过是把"双向交往"过分地理想化，而轻视其他三种"交往"罢了。仅仅追求"双向交往"，使交往的多重性被抹杀了，结果"双向交往"本身不是也变得很单薄了吗？人与人交往绝不是预成的、调和的、平平静静的。教室里的"交响乐团"也是如此，不可能总是和谐的声音，常有不协调的声音伴随着，这才是自然的。四种交往类型都有其各自存在的必要性。

在这四种交往类型中，倾听"异向交往"的话语尤其重要。在讲台上授课时，不管怎样，总是容易按教师自己的思路来听学生的意见。与教师的思路岔开的"异向交往"的话语，由于是教师难以了解的发言，所以特别容易被忽视。而一旦被教师忽略或排除在外，那个学生就再也不会有第二次发言了，因为无论谁都喜欢被肯定，而不愿意自尊心受到伤害。可以说，在教学中没有比倾听"异向交往"的话语更重要的了。

关于"异向交往"的话语，我的头脑中有一段难以忘怀的情景。那是数年前，在广岛县的小学三年级教室里观摩语文课教学的事。教材内容是"冬青树"——深夜里，突然响起了熊叫一般的声音，大叔叫肚子疼，豆太（人名）顿时被惊醒了。尽管他是个夜晚连撒尿都不敢去的胆小的人，却一下子冲出小屋去给大叔请医生去了。在教科书上画了一幅豆太闭着眼睛跑下山的插图，教师就此以提问展开教学："豆太是怀着什么样的心情在跑啊？"我当时正在想"一位有经验的教师怎么会问这么没水平的问题"时，坐在教室边上的一个男孩——手不停地在比画，此前的课他都没来上过——大声地发言了："豆太他在叫头疼啊！"这个突如其来没头没脑的回答引起了周围学生的反驳："叫疼的不是豆太，是大叔！""而且大叔不是叫头疼，是叫肚子疼！"可这男孩却坚持不让步："豆太就是在叫头疼！"

教师也被这个"异常"的回答弄得不知所措，于是问："你这想法是从哪儿来的呢？""从哪儿来的？"这一问法真是好极了。组织"交响乐团"的教师正是通过把学生与教科书连接起来并把学生与学生连接起来而展开教学的。"连接性的询问"就有可能在教室里生成出什么来。针对教师的提问，那个男孩回答说："因为书上写着'豆太整个身体蹦起来跑出去了'。"那一瞬间全教室安静了一下，接着就爆发出"真不简单啊"的叫好声和一片欢笑声。其他学生把那个男孩描绘的情景再"真实"地扩展——夜漆黑漆黑的，豆太和大叔又很穷，住的屋子很小很小。一听到大叔叫肚子疼，豆太一下子从床上跳起来，要不快点去叫医生的话就不行了，所以，他肯定是迷迷糊糊地朝门边猛跑。豆太是"整个身体蹦起来跑出去"的，所以头就碰到门上了。这就是那个男孩描绘的结果。

一阵阵的欢笑声之后，教师让那个男孩再次注意书上"豆太整个身体蹦起来跑出去了"这句话的意思，并引导学生相互交谈书上描绘的情景，使教学极有魅力地进行下去。

耐心地倾听"异向交往"的话语就能使教学中的交往丰富而深刻地展开，这一教学实例成为了一个可见的典型，无论什么样的学生的发言或行动，都有他自身的"逻辑世界"。相互交谈之后也好，教学进行之后也好，那个男孩还是说"豆太就是在叫头疼"，反复地说着自己的看法，边说还边比画着还缠着绷带的右手。原来这手是在前几天被树的刺扎伤的，所以从自己的体验出发，他总说豆太也是急匆匆地去开门时被碰伤了。这样讲也无不可。

在"异向交往"的话语中，如果把探究那个学生自身的"逻辑世界"作为一个课题的话，教室里的交往就能有声有色地开展起来。相反，如果教师对不同思路的话语不敏感，那么教学就只可能顺着教师的路数进行下去，交往也就只能停留在表面上，变得非常肤浅和单薄。

对教师来说，每一个学生的想法和头脑中的表象都相互碰撞、呼应起来的"交响乐"本身，乃是教学的最大妙趣之所在。通过"交响乐团"式的教学，每个学生之间富有内涵的相互学习是否能够开展起来，与教师是否能够尊重每个学生微妙的个别差异，是否能够洞察其差异之间相互学习的可能性是分不开的。

七、创造相互学习的教室
——息息相通

1. 学生气息

与学生息息相通是组织相互学习的教师的基本功。息息相通在人际关系中比言语还要基本。能够感觉学生的气息，能够发展与学生的交往的教师非常缺少。这里想介绍一位教师，并就相互学习的教室里的动态教学进行一下思考。

在我碰到的教师中，原田老师是一位能够与学生绝妙地息息相通的教师。他曾在静冈县的小学做了5年的正式教师，后因丈夫调到东京工作，就辞职了，在生产、育儿之后，又重新工作，被录用为临时教师。她每年去顶替那些因产假、育儿而离开岗位的女教师，就这样工作了12年。因为是代课，所以一年内通常要跑好几个学校。她常做三年级的班主任，为什么呢？因为在小学里，三年级公认是最好对付的，所以这个位置就常常留给生产前的教师，尽管最近三年级学生也变得难弄多了。这样，原田老师教三年级学生的经验就慢慢丰富起来。

填补产假、育儿假空缺的代课教师处在一个非常艰难的位置上。他们除了要和正式教师一样专心教学、努力去激发学生的活力外，与原班主任相比，他们的行动在某种程度上还必须更谨慎一些。因为是代课，如果不谨慎的话，会招来原班主任或校长、同事们的讨厌。校长要是不满意，来年就可能被失业所困扰，那是很严重的，因为代课教师的委任是由校长决定的。即使原田老师注意到了这一点，但仍然没能在同一个学校被连续录用过2年。尽管学生和家长都非常喜欢原田老师，但是全年级要求"齐步走"，而她的工作突破了"小学教师都是做同样的事"的框框，结果，她就不容易被同事、校长所认可。

为了避免误会，特别补充一下，原田老师只是拒绝"齐步走"，而不是与同事发生了冲突。为了与学生的气息相呼应，需要超越年级的同事们暗定的"齐步走"框框。如果教室不同，儿童不同，教师也不同的话，在那里产生出来的学习的广度和发展的方向也就不同。"超越"，说起来是当然的事，但是代课教师的地位处于弱势，而小学教师的"常识"框框是很顽固的。原田老师在学生、家长的要求与教师同事的"常识"之间的狭小空间里烦恼着、奋斗着。

原田老师曾在要求"齐步走"的同事与要求超越的学生、家长之间犹豫不决，而最后，她终于选择了与学生同呼吸的方向，做出了"即使明年会失业也不管了"的决定。相互学习的教室只能从相互尊重差异的教室当中产生出来。

2．从"蒲公英"的学习开始

这是两年前的事情。4月里，原田老师当班主任的三年级教室里，有个学生拿了一棵蒲公英来，说是他上学途中在路边发现的。这是一棵长在厚厚的水泥道路边上，只靠很少很少的一点泥土生根、开花的蒲公英！"在哪里发现的呀？"围绕着这个问题，教室里一直谈论着蒲公英的话题。班上有一个男孩的父亲是研究植物学的，这个男孩发表了自己关于蒲公英的调查结果，说被拿进教室的这棵蒲公英是西洋蒲公英。了解到这一情况的学生为了要找到日本蒲公英，就在放学、下课后，到附近一带探寻，想采到日本蒲公英，结果找来找去全都是西洋蒲公英。在这一过程中，原来连作文也没写过的学生，竟然也以蒲公英为题开始写作文了；过去不关心学校的妈妈们，在星期天去郊外游玩、旅行时，也去寻找日本蒲公英，想采到后带到学校来；有的妈妈还去图书馆查询，发现除西洋蒲公英和日本蒲公英外，还有七种其他种类的蒲公英，于是积极地协助孩子们去采集。

这样一来，原田老师实在没法与年级"齐步走"了。终于，她号召学生"把空牛奶盒带来，用牛奶盒当花盆，尝试一下把蒲公英茸毛上的种子栽在盒子里"。于是，和学生一起，原田老师开始了自己的第一次体验——"蒲公英的学习"。为了不引起同年级其他教师的注意，他们把30多个牛奶盒并排放在了教学楼边美工室的侧墙根。不久从那一个个牛奶盒中，长出了小小的双叶片，于是他们开始培育"蒲公英小宝宝"。原田老师和学生谁都没想到，蒲公英一粒粒的茸毛般的种子竟然都能够生长成一棵一棵的蒲公英。蒲公英就因为有这种顽强的生命力，才能够在城市的水泥缝隙间茁壮成长，开出美丽的花朵来。学生用诗用文章表达自己的感动，画蒲公英的写生画，并观察、记录它的成长。

可到了暑假，这样投入过的"蒲公英学习"被学生淡忘了，连原田老师也把美工室墙边的牛奶盒中的蒲公英忘得干干净净。9月1日开学典礼那天，原田老师在班上与学生谈起了上学期愉快的"蒲公英学习"，突然，她叫起来："啊！忘记了！"顿时，教室里谁也不说话了，因为暑假里谁也没去浇过水！而且，牛奶盒放的地方是墙边，那里的蒲公英是受不了炎炎夏日的。这时，静悄悄的教室里站起来一个男孩，他战战兢兢地说："老师，我去看一下！"说罢就跑出去了。一会儿，楼下传来咚、咚、咚的脚步声，这男孩跑回来大声呼叫着："蒲公英全部都活着！"大家一下都跑出去看，果然，蒲公英的叶子虽然蔫了，但所有牛奶盒里绿色的蒲公英都长得很精神！如此强壮的生命力让所有的学生都感动了。他们还试着把牛奶盒弄破观察，结果看到蒲公英的根从盒子的一边到另一边挤得紧紧的。

接着，原田老师和学生开始寻找学校空着的花坛来移植蒲公英。在向花坛移栽时，学生和家长们把找到的日本蒲公英或者珍稀种类的蒲公英也拿来了，原来，"蒲公英学习"在学生的家里也一直在持续着。原田老师作为代课教师的工作到10月份就该结束了，如果这些三年级学生继续栽种花坛里的蒲公英的话，是一定会想起原田老师的。然而，遗憾的是，听说还没等这些蒲公英开花，已通通被校长拔掉了！

这些蒲公英不是杂草，而是学生、家长和原田老师息息相通的交往的结晶啊！

第二章

改变教学

——学校改变

一、为了让学校从内部开始变化

1. 回顾过去的20年

至今为止，我从事访问学校、参观教室的活动已经快20年了。若按每周访问2至3所学校、参观约10个教室计算，那么我至今已访问过1000所以上的学校，参观过7000多间教室了。而且就在这10年里，我还观察了美国大约200所学校的近千间教室。回头想想，这其中既没有两所完全相同的学校，也没有两间完全相同的教室。无论哪所学校、哪个教室，其存在的问题都各不相同，因此，要想列举出一个相同的问题来进行讨论几乎是不可能的。即便都是好的学校，也并非都好在同一个地方，所有好的教师也并非是同一类型的人。

我的实地研究工作应用了20世纪30年代由库尔德·勒温所开创的行动研究法。通常的实地研究，要求客观地进行观察，禁止研究者对研究对象所持的问题和实践进行干预。但是，在行动研究中，研究者自身与作为调查对象的人员合作，参与问题的解决，携手共创实践，并探究其解决问题的过程。因此，在行动研究中，研究者本身也是实践者。

然而，在行动研究中，研究者如何与实践者建立合作关系是一大难题。坦白地说，在我刚从事这项工作的最初5年里，经常感到力不从心，心想："就这样算了吧，放弃吧。"因为每次访问学校时，被各种烦恼缠身的教师们向我求助，我却无力向求助者提出行之有效的建议，即使发表一些见解，也因是局外人而给人隔靴搔痒之感，这些都令我难以忍受。那时，访问学校时虽能硬着头皮，但一旦研讨会结束，独自坐在回家的车上时，总会被自责的念头和自厌的情绪所困扰。

尽管如此，我还是坚持了这20年的行动研究。能做到这一点，最重要的，还是因为在访问学校和参观教室的过程中我学到了很多东西。从书本中学到的东西固然很重要，但作为一个教育研究者和实践者，更重要的，还是从教学实践和现实中学习，像能够读懂书本一样读懂课堂里的现实。至今为止，我访问过的每所学校、每间教室，还都未让我失望过。

2. 改革的方略

我接到的多数来自校方的请求，都是让我去演讲。最近，几乎每天都有好几个这样的电话。但事实上，因为一次演讲而使得学校或是授课有所改变的，还从来没有过。既然如此，那么究竟为什么邀我去演讲的请求还是如此多呢？这大概是因为演讲这种形式是最简便易行的培训方法吧。在教师培训中，靠演讲和讨论来"起大作用"的研讨会实在是多得过分。对此，大学的教育研究者也负有责任，因为大多数教育研究者都只是通过演讲这种单向活动来维持自己与学校、教师间的联系。而在我看来，作为教育研究者，自己首先要积累一定的经验，才能作为授课人登台演讲。然而遗憾的是，我国绝大多数教育研究者都只会带着一堆纸上谈兵的理论进教室，通过单方面臆断教师们的工作来体现自己的生存价值。这种现象的存在说明，无论是教育实践者还是教育研究者，都还缺乏工作的责任心，对所谓的教育实践的理解只停留在观念上。

鉴于此，对于做演讲的请求，我原则上是拒绝的。虽然也有因为学校的具体情况而破例接受的，但最终的结果总是不尽如人意：让学校白忙一场，因为学校是不可能因为一次演讲而改变的。要改变一所学校，需要不断开展校内教研活动，让教师们敞开教室的大门，进行相互评论，除此以外，别无他法。

讲到这里，许多教师可能会说，自己的学校也开展过类似的校内教研活动，却没有见到学校有何改观。的确如此，在很多学校，校内开展教研活动已成了一件约定俗成的事。然而，还从未有过靠一年3次左右的教研活动而根本地改变整个学校的先例。另外，许多学校成为"指定研究学校"进行教研活动，然后公开研究成果。虽然被作为指定校也是一次契机，但无论是怎样的"指定研究学校"，要通过2～3年这样的教研活动来达到使整个学校改观的例子毕竟还是少的。

我认为，要让学校转变，至少需要三年。第一年，在学校里建立起教师间公开授课的校内教研体制；第二年，提高研讨会的质量，以授课方式和教研活动为中心，重新建构学校的内部组织、机构；第三年，以学生和教师有目共睹的转变为依据，把新的授课方式和课程设置正式固定下来。通过如此三年的教研活动，学校就可能成为一所像样的学校了。

这个三年改变学校的方略是我以迄今为止的经验为基础导出的一个结论。操之过急的改革，对学生、对教师都没有好处。学校是一个顽固的组织，不是靠一两年能改变的。当然三年也未必能改变成功。其中最大的难关是校长。如果校长对学校改革持消极态度，那么就算用了三年，最终也是徒劳，而只能把希望寄托在下一任校长身上了。那样的学校即使到了第四年、第五年也可能仍然维持在第一年的水平。反过来，如果校长持积极支持态度的话，这个三年计划无论在哪个学校都是行得通的。

3. 打开教室的大门

改变学校的第一步，就是在校内建立所有教师一年一次的、在同事面前上公开课的体制。无论是怎样的改革，学校里只要有一个教师不上公开课，要取得成功都是困难的。只有教师间彼此敞开教室的大门，每个教师都作为教育专家而共同构建一种互相促进学习的"合作性同事"（collegiality）关系，学校的改变才有可能。

关起教室门来上课的教师不能称之为公共教育的教师。因为他们只是把教室、学生当作私有财产，把教师这一职业私有化而已。遗憾的是，连开放教室这样基本的要求也并不是在所有的学校都能实现的。公开授课进行校内教研活动的学校确实不少，但即使是在那样的学校里，也存在许多几年也不上一次公开课的教师。通常都是年轻的教师被选来上公开课，而上了年纪的教师则专门参与提供意见、建议，而不是所有的教师都站在平等的立场上共同创造教学方式。

在教室之间相对封闭的学校里，教师间的团结、合作的意识很淡薄，而且教师们按教育观、人生观的不同聚合成一些小团体，就算其间没有明显的对立关系，仍存在背后说三道四的现象。由于相互不信任而形成沉闷气氛的场合也不少，对彼此的工作大家都恪守"各人自扫门前雪，莫管他人瓦上霜"的不成文的规矩。结果，每个教师都在孤立的状态下开展自己的工作。尤其具有讽刺意味的是，越是这样的学校，校务分管的工作越多，开会的时间也越长。由于没有建立起根本的团结合作关系，每个人的责任意识越来越淡薄，导致校务分管委员会的工作量越来越膨胀。

将学校固定于现有状态并使之窒息的，与其说是文部科学省和教育委员会的官僚体制，倒不如说是学校内部同事间的权力关系。教室的墙壁、学科的隔阂，是在校园内部运作的最强有力的权力。如果不是所有的教师都打开教室的大门，并且从内部彻底粉碎这种权力关系，那么，学校的改革是不可能实现的。

所以，我要求无论这个学校改革的主题是什么，在改革的第一年，所有教师都必须参加上公开课的教研活动。有30个教师的学校，一年就要进行30次校内教研活动。迄今为止，大多数的学校一年只进行3次校内教研活动，因此，要实现这个要求绝非易事。但是，没有坚实的基础，任何学校都无法实现改革的目标。其实，一年进行30次校内教研活动的要求并不是那么困难的事，把全员参与的校内教研活动增加到一年5～10次，再增加以年级或学科为单位的小型教研活动的次数，这些都是可能的。另外，在校内为教师安排自我学习的非正式教研活动机会也完全是可能的。即使不延长上班时间，在一年里保证让所有教师至少在同事面前上一次公开课，有一次这样的教研活动机会，应该说在任何学校里都是可行的吧。

二、相互开放教室
——改革的第一步

1. 第一年的课题

学校改革包括学习的改革、教学的改革、课程的改革、教研制度的改革、经营管理的改革、与地方的合作等多方面的课题。其中，最为重要并且是中心的课题，是围绕创造性教学和教研制度形成作为专家的教师们之间互相培养的"合作性同事"（collegiality）之间的关系。

这种合作的同事之间的关系一日不形成，学校的改革就一日不能成功。而这种同事关系只有在所有教师都开放教室，互相观摩教学、互相批评时才能构建起来。只要有一个教师封闭教室的大门，那么，想从内部进行学校改革就是不可能的。

尽管我们说，作为公共教育的教师，是不能把教室私有化，也不能把教学私有化的。然而在学校里，要想让所有教师一个不漏地公开授课却有着意想不到的困难。

究竟为什么所有的教师向同事敞开教室大门都如此之难呢？原因看来很多，最突出的是：不想在同事面前暴露自己的弱点，不愿意自己的工作方式被别人指手画脚。"我不会对别人的事说长道短，同样地，也不希望别人来干预我的工作。"这种"互不干涉"的私下默契，支配着学校内的人事关系。然而，只要这个心照不宣的规则存在一天，学校就无法改变。

此外，教师文化中也存在问题，即每个教师都不愿意听到别人批评自己的工作。因为每个人都尽自己最大的努力在工作着，当然希望自己所做的能得到别人百分之百的肯定。此外，教育工作本身就是无法做到十全十美的，谁也不想自己的缺点总被别人指责。但是，反过来，在对待别的教师的工作时，却都可以毫无顾忌地指出其存在的问题，并趁那个教师不在的时候，散布含批评意味的闲言闲语。有这样的教师文化存在，要让教师打开自己教室的大门，让别人来观摩教学，那遭到抵抗就是理所当然的了。但是，正因为如此，才更有必要开放教室，相互观摩教学，克服正在日益扭曲的教师文化。

开放教室、实现观摩教学相当困难还有一个原因，那就是迄今为止的学校培训、教学研究活动的实施方法存在问题。比如，我国的学校培训，自明治以来，主要是采取这种方式——在学校里规定一个主题，规定统一的指导方法，然后所有的教师一起执行。即使在今天，在学校培训研究的那些实验学校中，仍沿袭规定统一方针和统一指导方法的实施方式。这样一来，势必会导致一种结果，那就是，在研讨会上，意见鲜明、强烈的人的看法成为中心，从而让研究朝着压抑各参与者的多样性的方向发展。

另外，教学研究的方法上也存在问题。通常，参观公开课接下去的环节就是进行相互评论，评价这个课哪里上得好，哪里上得不好。有些热心的教师甚至会指出问题存在的地方，并传授解决的对策。像这样的研讨会，授课的人听了当然会不舒服。而这本该是越深入开展越想参与的教学研究呀。对开放教室上公开课有抵触情绪的教师，大部分是对上公开课的辛苦深有体验的人，因此他们不想再次尝试那种讨厌的事了。

之所以有必要在学校改革的第一年，让所有的教师至少上一次公开课，是因为必须把许多陋习，如对自己教学中存在的问题避而不谈，却无所顾忌地批判别人的陋习；没有自己的研究课题，只知道按上边的指示行动的陋习；不愿被别人在背后指点，用坚实的盔甲把自己严密地包裹起来的陋习；只认可自己的行为方式，而不肯向别的老师虚心学习的陋习，等等，一并清除、克服，让所有教师超越自己，构筑起和同为实践者的同事们的团结合作关系，这正是所有学校改革的前提。

2. 为了打开教室的门

如果要让所有教师都能在同事面前公开授课，该怎么做呢？只需要两个条件：第一个条件是校长的领导能力，因为只有校长能要求不肯上公开课的教师打开他（她）的教室门，而靠教师之间的关系来解决这一障碍是比较困难的。校长通过耐心说服，是有可能让所有教师都彼此开放教室的。这事必须得由校长来做。

这里介绍一位校长的事例。在这位校长的学校里，当教师们都向别人敞开了教室大门的时候，有一位教师却坚决反对。于是，校长就把这位教师请到他的办公室里并告之：一方面，校长要求他在今后的三年里坚持其反对意见，因为不盲目地服从学校的培训活动，有自己不同的看法，而且经大家充分研讨之后，仍认为有必要继续坚持自己的意见，是难能可贵的；另一方面，校长也请他理解和支持自己实施的培训方针。这样，到了第二年，这位教师开始公开自己的教学了，并且像他答应校长的那样，对校长的方针提出了反对意见。到了第三年，这位教师变得比谁都积极地上公开课了，但他还是照约定的那样，笑着向校长提出他的反对意见。这是我所参与改革的一所学校的真实事例。这位校长真是一位了不起的校长，其领导能力太出色了。

让所有教师敞开教室门的第二个条件，不用说，就是要"充实"教研活动。虽说是"充实"，但在第一年，最大的课题还是如何使教研活动办得生动有趣。非常重要的是，首先得让上公开课的教师心甘情愿地接受再一次的公开评论；其次，能让其他参加者也自觉地产生"下次公开课我来上"的愿望。

过去的教研活动，与其说是为了进行得有趣、愉快，还不如说是只追求"做过了"、"做完了"的充实感。大部分教研活动往往在准备工作上倾注大量的精力，准备过程中进行多次的商量讨论，但最终不过是搞过了事。不难看到，要不断开展所有教师都上公开课的校内教研活动，有必要从根本上重新审视这种做法。简言之，就是必须开展更为轻松愉快、简便易行的教研活动。

开展教学研讨活动的次数是必须保证的。仅靠两三次的研讨要深入地进行教学方式上的取长补短是不可能的。只有通过十几次的案例研究，才可能达到互相取长补短的目的。而且，在研讨教学问题时，比起事前的研讨来，开展事后对教学过程的反省，针对实际的事例进行相互学习更为重要。没有必要在事前花时

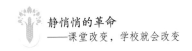

间，而应该把时间花在事后的充分讨论上。因为无论是怎样的教学，都能从中学到很多东西。

然而，一般的校内教研活动都是事前花几个小时的时间来讨论，事后却只用短短30分钟议论一下就结束了。事先之所以花那么多时间据说是为了避免事后被说这说那。这种防御性姿态，以及观摩者对授课教师评头论足、一味指责别人缺点的研讨方式，都必须改变。研讨教学问题的目的绝不是对授课情况的好坏进行评价，因为对上课好坏的议论只会彼此伤害。研讨的焦点应针对授课中的"困难"和"乐趣"所在，大家共同来分享，以达到教研的目的。因此，互相谈论这节课哪里有意思、哪里比较困难、学生有哪些表现，并通过相互交谈让学生学习时的具体样子重新浮现出来，这样的教学研讨才是每位教师所期待的。

第一年最大的课题，就是在学校开展所有教师都能愉快参加的教研活动。

三、校内教研活动的三个原则

1. 应对学生的教学

改革第一年校内教研活动的中心目的不是"上出精彩的课"，而正相反，授课技术拙劣一点无所谓，失败多次也无所谓，最重要的是在教师和学生之间建立起教师尊重每个学生的相互关系，以及学生之间相互影响的关系。也就是要在教室里形成一种每个学生都能安心上课、彼此之间都能互相勉励的学习氛围。

缘于此，观摩课和校内研讨的中心应该是教师对待每个学生的态度问题。然而，现在一般的教学研究都是围绕教材的研究、授课过程的研究以及提问、指导的研究等而展开的。其实，应该把学生的学习状态和教师的态度作为讨论的中心问题。对于教材内容和授课结构的研究应该从课堂上每个学生的学习实况和教师的对应这两者间的联系出发来进行讨论。

要把学生的学习和教师的对应作为中心对象的话，需要从改变观摩课的参观方法、研讨时的讨论方法等做起。过去参观上课，通常都是参观者在教室后面站成一排进行观察的。也就是说，是以授课教师的教学方法为观察中心的。因此，参观位置应该向以观察学生的学习和教师的对应为中心的位置转移。即要在教室的两侧而且是尽量靠前的两侧。在那样的位置上观察，才能够感受到每个学生细微的言行、表情和对待这些"信号"的教师的微妙对应之处。

在教学研讨会上，还有必要把课堂上教师对每个学生学习实况的对应作为话题的中心。在改革的第一年，比起教师的提问、教材注解的研究来，更应该围绕学生学习的具体状况和教师的对应来进行讨论。比如，对于学生上课时的窃窃私语或困惑，教师是否能够领会；教师有没有在无意识中，以不恰当的对应遏制了学生学习发展的苗头；对于事先没有预料到的学生的反应，教师有没有采取灵活、耐心的态度；对于需要帮助的学生，教师有没有给予恰当的帮助，等等。通过对这些具体问题的探讨，为创造这样的教室打下基础，即让教室里的学习成为每个学生都能得到尊重、每个学生都能放心地打开自己的心扉、每个学生的差异都得到关注的学习。

要进行以学生的学习实况和教师的对应为中心的研讨，最重要的是，在教室里进行独立学习和合作学习的教师和学生之间、学生和学生之间建立起互动关系，这在第一年的教学改革中起着决定性的重要作用。在教学过程中，每个学生是否得到了尊重，只需在教室里听听他们的声音就能马上判断出来。在每个学生的个性都受到尊重、每个学生的学习都受到鼓励、产生了相互学习氛围的教室里，学生的身体都很放松，大家都能温和地、诚恳地进行交谈。一般来说，教师上课时总要求学生大声地、活泼地发言，而其实，在学生以自然的轻声细语来交谈的教室环境里，更能培育自立、合作的学习者。因为在感到放心、安全的氛围中进行有意义的交流时，人们（当然包括学生）通常都是在思考的同时把自己的心声慢慢地讲出来的。

在扯着嗓门喊叫的教室里，在自我中心盛行的教室里，在仅仅只有一部分学生能够发言的教室里，在有若干学生几乎从不发言的教室里，在声音中都感到带刺儿的教室里，学生笼罩在自由放任或自暴自弃的气氛里，要进行自立、合作的学习是根本不可能的。造成这种教室氛围的根源在于教师的对应。因此，非常有必要进行以教师的对应为中心话题的教学研究。

作为改革第一年的课题，是要把学校里大多数的教室变成能让学生情绪稳定、相互间能够诚恳、亲热地发言和倾听的教室。反过来即是说，如果能让教室的空气远离浮躁，让学生自然平静的声音重新回到教室，并且教师能够通过对每个学生言行的恰当对应而创造出平和气息的教室来，那么，无论是使用什么样的教材，都能实现与其内容相应的自立的学习、合作的学习。

2. 创设以听为中心的教室

互相倾听是互相学习的基础。教师往往想让学生多多发言，但实际上，仔细地倾听每个学生的发言，在此基础上开展指导，远远比前者更重要。要创设一个每个学生都能安心发言的教室环境的话，必须对各种不同的意见十分敏感地倾听，建立起相互倾听的关系来，否则这一目标是不可能实现的。

倾听这一行为，是学生学习中最重要的行为。善于学习的学生通常都是擅长倾听的儿童。只爱自己说话而不倾听别人说话的儿童（人）是不可能学得好的。学习，一般认为这是能动的行为，但不应忘记的是，在能动的行为之前，还有倾听这一被动的行为。学习，是从身心向他人敞开、接纳异质的未知的东西开始的，是靠"被动的能动性"来实现的行为。

然而在大多数的教室里，这种"倾听"关系没能在学生当中建立起来。在没有"倾听"这一相互关系的教室里，占支配地位的是对他人的漠不关心，因此，相互学习的关系是不可能产生的。

要形成这种互相倾听的关系，光靠说一句"喂，注意听呀"是不够的。形成互相倾听的教室的第一步，是教师自身要自始至终地保持专心一意地、郑重其事地听取每个学生发言的态度。除此以外，没有别的办法。在教室里，凡有不好好听别人发言的学生，肯定有不认真地倾听每个学生的一言一词的教师。这种不善于倾听的教师，往往自己很爱讲话，但讲话时是不会对自己的言辞进行谨慎的选择的，也对在场的每个学生能否听到或理解自己的讲话毫无意识。靠这样的教师是不可能在教室里建立起互相倾听、互相学习的关系的。

教师应该认真地听取每个学生的发言并做出敏感的对应，应能慎重地选用每个学生都能理解的词语讲话，这样，学生之间才会开始互相倾听，才能在教室里形成仔细倾听别人的讲话、互相交换意见的关系。

在改革第一年的教学研究中，我所重视的正是这种互相倾听关系的形成。接下来就是教师的讲话方式，即视学生的每一句话都如珠玉般的宝贵而给予尊重的态度，以及消除粗话或含义不清的言辞，精心选择那些能给每个学生留下深刻印象的言语来上课的讲话方式。如果不能建立相互倾听、相互交谈的和谐关系，是无法创设相互学习的教室的。

不过，不论教师的倾听方式和讲话方式要怎样改进，也不可能马上在学生中形成互相倾听的融洽关系。期待学生发生改变不能过于心急。学生的变化是缓慢的，历时越久越见成效。至少得有10个月的思想准备，并坚持不懈地鼓励学生去建立这种关系。就这10个月的重要性而言，要说是第二年或第三年的教学发展的保障也不为过。

3. 教师持有自己明确的课题的教学研究

在改革第一年中，教学研究里还有一点是必须重视的，即每个教师都要带着自己的课题致力于教学研究。要让教学具有创造性，教师自身必须明确自己的挑战课题。尽管这是理所当然的事，但对此竟没有哪个学校清楚地意识到。一说到研究课题，就习惯认为是全校统一规定的，所以往往都依赖学校科研处。"我们配合教学研究，希望他们提出研究课题来。"这样本末倒置的想法渗透到许多学校里，至今仍很有市场。教学研究课题的确定应当是每位教师个人的责任，而学校科研处的任务不过是把大家的课题总括起来，并逐个帮助实施罢了。

改革第一年的教学研究目标，就是建立所有的教师一年上一次观摩课并接受同事们评议的制度，以及让教师各自确立自己要挑战的教学研究课题。只有当这两个条件都具备了，学校才能成为以创造性教学为中心的、教师之间互相学习共同成长的地方。

四、学校组织的简化
——为了能让教研活动成为核心

以校内教研活动为中心建立教师间的"合作性同事"（collegiality）之间的关系（通过教学研讨，教师间互相学习、共同成长的关系）是学校改革的中心课题。假如第一年建立起了全校教师（一个不少地）每年至少上一次公开课并听取同事们评议的制度，那么第二年里必须着手的新课题就是学校机构和组织的简化。

现在学校的机构和组织过于复杂化了。每次访问学校时，在校长室里我总是要看《学校要览》，特别是要看一下"组织·机构图"。通常的情况是，只有20名左右教师的学校，倒有30名以上的校务分管和委员会成员。我仔细地看了一下用小字写在各校务分管部门和委员会名称旁边的教师名字，算了一下一个教师要兼任几种职务。结果发现，再小的委员会，都有好几次面向教职员的会议，连会议的次数也已设定好了。难道真有必要分这么多个分管和委员会吗？真有必要把一些微不足道的事情都放到会议桌上去吗？

日本教师的工作时间是平均每周52课时。超过劳动省规定的标准12个小时，所以教师是非常繁忙的。但是，体现教师是教育专家的工作时间，如授课、课前准备、教研活动、课程建设等，却占其中的一半，另外近一半的时间是浪费在各种各样的会议和杂务上的。我访问了多所学校后发现，教师之间的关系越是不太融洽的学校，学校的校务分管部门和委员会就越多，组织和机构也就越复杂。并且，越是分管细致、组织和机构复杂的学校，教师对于全校事务的责任感越是薄弱。陷在各项分担的事务和会议中，大家开会时只想到自己的任务，对他人的工作毫不关心。这种复杂的组织和机构不但把每个人的工作分得零零散散，而且削弱了大家对集体的责任意识。

还有更重要的一点是，复杂的组织和机构使得原本应该是中心的，即教师作为教育专家的工作变得空洞化，而让周边的杂务扩大化。为使教师分内的工作，如教师的称号所示的工作成为真正的中心工作，应该毫不迟疑地简化学校的组织和机构。

1. 一次尝试

距今7年前，我曾经花2年时间参加了东京都内一所中学的改革工作。那是一所约有300名学生的中学。学生很野，曾经出现过一年打破玻璃近百万日元的记录。我和校长、教导主任商量以后，制定了以教学改革为中心的学校改革计划。那是我第一次提出废除校务分管和委员会。尽管在那以前，我曾经协助过全国各地许多中学改革教学，但结果总是改革得不彻底，当时的着急和不安还记忆犹新。我虽然充分认识到中学的改革比小学复杂得多，但我一心想要克服自己那种无力感和中学教学改革的重重困难。

我向学校的教师们提出了以下4个提案。第一，无论学生怎样调皮，课怎么上不下去，在教员室和学校以外的地方，绝对不说关于学生的坏话。第二，作为教学改革的具体指针，在所有教学时间内，哪怕是几分钟的时间，也要引入让学生活动的作业，引入小组的、合作的、相互交谈的活动，引入学生相互表现、交流和品评各自理解的事情等活动。也就是把"活动的、合作的、反思的学习"在每一课时的教学中具体地落实。第三，设定每周一次的校内教研活动，进行教学事例的研究。另外，在每周的年级大会或者学科组的会上进行教学事例研究。第四，为了把教学工作置于中心位置，废除校务分管和委员会，把这些工作一并放到

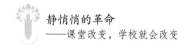
每周一次的教师会议上讨论解决。

废除校务分管和委员会是我的大胆提议，校长和学校的所有教师也都同意并开始实践。我至今都还在想，他们当时能够采纳真是太好了。毕竟当时学校的状况是那样恶劣，所有的教师都强烈地希望能做些什么。当然，在计划得到认可后，最不安的还是我。废除了校务分管和委员会，只留下教职员会，学校能够正常运作吗？但是当时我想，无论如何，都要尽量确保教学研究的时间。只要授课情况改变了，学校就能改变。

上述的4个提案实践了一年，其成果不到3个月就开始显露出来。不仅学生们上课时开始积极起来，过去在校园里横行的暴力也渐渐消失了，砸坏玻璃等公物的事也越来越少。刚开始时，发生在教师身上的变化比学生还要明显。在最初每周的校内教研活动上进行教学研究时，在每隔一周进行年级事务、学科事务的教学研究时，大家都显得比较拘谨、笨拙。但过了几个月后，每一次的研讨会都成了充满笑声的愉快聚会。中学的教学研究学科类别的障碍很大，要对其他学科的教学坦白提出自己的意见很困难。但在这所中学里，由于一开始我就提议把"活动"、"合作"、"表现"这3个要素贯彻在授课过程中，这些后来都成了教师们研讨的共同话题，所以学科之间的障碍也就轻轻松松地跨越了。

这样一直到了第三学期的2月份，在校长的提议下，挑了3所学生过去的母校，让那儿的教师来观摩教学，向过去曾经教过这些学生的教师们公开学生的成长状况，并请他们进行评论。当天，场面真是令人感动，每个班级的学生都真诚、积极地互相学习，出现了"比小学更像小学"的授课情况。

第二年，在继续"基本照原样"地实行第一年的4个提案的基础上，学校开始致力于更细致的教材研究和教学研究。之所以说是"基本照原样"，是因为教务分管等最小的分管职务又开始恢复了。因为校内教研活动已被安排在年级运作的中心位置上，年级大会和学科组会的教学研究也比上年度更加活跃了，所以没有必要再强制废除一切分管工作了。

校内的一切暴力事件都销声匿迹了，当然，玻璃损失费也没了。尽管我也曾预想过这样的成果，但还是为这巨大的改变而感到吃惊。而更让我吃惊的是学生们上课时的出色表现。无论是走进哪个教室，学生之间都真诚地互相学习，每个学生的表情都是那么的积极而又富有个性。虽然在过去的20年里，我也曾经协助过许多学校的教学改革。但还从没有在别的学校里，在改革的第二年中，就看到学生表现得这么出色。在第三学期的2月份，按校长提议，以区内的中学教师为对象，举办了一次公开研讨会。由于这所中学曾经一度因校园暴力而出名，故参观者都受到了极大的冲击和感动。对我而言，这也是一次难得的体验。

2. 更大的挑战

自那以后，无论是小学、初中还是高中，凡是有我参与的学校改革，在第二年，我都提议他们简化学校的机构和组织。由于校务分管不是被全部废除就是被废掉一半，所以，建立以教学的研究和创造为中心的"合作性同事"之间的关系的条件就能够具

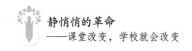

备了。这是建立教师间这种关系的唯一途径。

向学校组织和机构的简化发起更大的挑战，是在神奈川县茅崎市的浜之乡小学进行的改革。这所1998年新建的小学，是以我所提倡的"学习共同体"作为创立理念的学校。它在推进整个茅崎市学校的改革中起了先导作用。在学校起步时，大濑敏昭校长先生按我的提议，制订了从一开校就废除一切校务分管和委员会会议的计划。对于这个计划，说老实话，我感到很不安。为什么呢？因为那所学校不仅有670名以上的学生，教师也有近30人，规模非常之大。而过去把校务分管和委员会全部废除的中学只不过是不到20个教师的小规模学校。因为只有不到20个教师，所以我能预测学校所有事务都可以靠教职员会运作。但是，这一次是如此大规模的一所学校，我没有成功的把握。

大濑校长的提案是采取一人分管一项事务的方式。的确，如果是一个人负责，就算是想开会也开不起来。至于这个责任人由谁担任，由校长和教务主任商量后拟定人选，再交教职员会议审议通过。由于是一人分管一项事务，每个教师都在学校的运营中负有一定的责任。当需要多数人的合作时，只需向教职员会议要求协助即可。

就这样，浜之乡小学虽然是个大规模的学校，也废除了一切校务分管和委员会的会议，连晨会也没有了。有的只是每月2次的教职员会议和每周1次的年级会议。最初，教师们对此做法也有过质疑，但很快都适应了，至今还没出现过任何问题。每月1次的校内教研活动、每周1次的年级会议的教学研究和自主、公开的研讨都得以充分地开展。在一年半的时间里，授课案例的研究超过了100次。

3. 把校内教研活动作为学校运营的重点

为了通过教学研究来改变学校，最少100次的授课案例研究是必要的。学校改革必须超过两年，甚至三年的原因，就在于这100次的授课案例研究是必不可少的。1次授课案例的研究，观摩上课和记录需要1个小时，对这节课进行研究又至少要2个小时，也就是说，总共必须腾出300个小时的研究时间。现在，所有的学校，一年都要进行3次左右的教学研究。围绕公开课进行1个小时左右的讨论。但是，仅靠这样一年3次、每次1小时讨论的校内教研活动，就能改变教学情况或改变学校的先例还从未有过。在预计的300个小时里还包括没有保证的6个小时。

就算是100次的教学研讨会，平均分配给20名教师的话，每人也只有5次机会。如果没有5次这样上公开课的机会来获得同事们的评论、帮助，教师的教学是难以改变的，要在校内建立起牢固的"合作性同事"关系也是不可能的。

五、召开公开研讨会

按照三年计划来进行学校改革的话，第二、第三年的关键在于召开公开研讨会。那么，究竟该如何准备和举办这样的公开研讨会呢？

1. 指令性研究实验学校制度的功过

首先，来看一下那些进行指令性研究的实验学校里的公开研讨会。实验学校在接受三年的指令性研究任务时，通常是在第三年举办公开研讨会。在指令性的研究任务下达之前，对于是否接受任务，常常是教师会议上容易引起纷争的一大议题。在改革时，这一实验学校制度既有优势也有弊端。

实验学校的最大弊端在于它的形式主义。全校教师围绕规定的主题，按照规定的方法，根据惯例归纳出研究结果并打印成文件，再公开授课。这样一来，无论过程怎样生动活泼，到头来都是形式上进行，按统一的框架开展，所以这种研究从本质上来说，不过是被动的研究和被动的公开研讨而已。可作为证据的是，一旦做完了三年研究成果的印刷物，举办了公开研讨会，到第二天，剩下的就仅仅只有完成任务的轻松感和徒劳感，而研究活动和教研活动便就此中断，不会再持续下去了。经常听到的就是"研究呀、教研呀，得过一段时间再说了"这一类的话。究竟为什么要搞研究呢，其研究的目的变得如此令人费解。之所以有许多教师反对接受指定的研究，恐怕也正是因为预见到这样的结果吧。

当然，如果能很好地利用这种指令性研究来激活日常的校内教研活动的话，那么，就算把研究结果印刷成文，开过了公开研讨会，学校也仍然会继续进行研究和开展教研活动的，不过这样的学校实在为数不多。在这样的学校里，通常只是把指定的研究课题当作日常教研活动的一部分，把印刷物仅仅当作平时教研活动的总结，把公开课只当作日常教研活动的一个环节而已。接不接受指定的研究任务，学校的研究和教研活动都照样进行，而上公开课也只是活用了学校改革计划第三年的程序而已。

但现实是，大多数的实验学校都是为研究而研究，为发表而发表的。我在与实验学校合作的时候，总是建议他们把指定的研究主题只作为校内教研活动的一部分，即使是要印刷研究成果，也不要在事先做过多的准备，只需把三年的记录照原样打印出来交上去即可。然而，校方一般总是认为"那太不成样子了吧"，而劳民伤财地把它弄得很漂亮。可学校的状况呢，却是三年一过，一切又恢复老样子。

2. 公开日常授课

公开研讨会的目的，是通过公开日常的授课情况和教研活动的成果，听取校外人士的评议，来为下一年的学校改革做好准备工作。

我参与改革的大多数学校，不管接不接受指令性研究，都要在两三年内举办一次，或一年举办一次公开研讨会，向校外各界人士公开学校的研究成果并接受他们的评议。因为学校是按公共性原则建立的组织，所以它就有责任和义务向地方群众和兄弟学校的教师公开所有授课的情况并请他们给予评价。这跟实验学校的教师围绕特定的研究主题，一起投入研究后举办公开研讨会是不一样的。这里的每个教师仅仅是为了改善自己的教学而致力于自己独立的研究课题，并通过校内教研活动公开自己的授课方式，以达到互相提高教学效率的目的。公开这种自然的日常授课只是为了使教学迈上一个新的台阶。

在协助这些改革学校召开公开研讨会时，我提出了几点希望。第一点希望是尽量减少印刷物。因为目的是公开学校的实情和教学的实况，所以印刷物越简略越好。经常有些学校，其准备的印刷物多到连袋里都放不下！用这么大量的纸张，浪费这么多的劳力，印出来的东西究竟有多少是被人认真看了呢？的确，制作过程也许具有推进研究的效果，但如果非要靠阅读这些材料才能实现的话，那么，研究的价值也就值得怀疑了。我提倡，除了每天的工作计划和简单的授课方法的介绍之外，不用其他任何印刷物。然而对此积极响应的学校只有少数几所。

我的第二点希望是公开日常的授课情况。因为是一年一度的公开研讨会，所以希望进行更具有挑战性的教学改革，也希望授课教师能尝试用具体实践来验证自己的主张。然而，为公开研讨会而上的课，总让人强烈地感觉到是为公开研讨会而做了大量准备的授课，是和平常大不一样的授课。举办公开研讨会，是为了让大家看到日常授课的情况，也是为了改善日常授课，所以我觉得上公开课时保持平时上课的风格才是最好的。

第三点希望是无论是以书面报告还是口头报告的形式来汇报研究成果，都最好列举出学生的具体名字。参加公开研讨会最令我失望的，常常是在研究资料和报告中，总是出现诸如"活力"、"余地"、"支援"等过于普遍的流行语，而没法从中看到这所学校教师的个性、教育实践的具体状况和学生的具体形象。所以，我认为，做报告时应尽量避免使用时下广为传播的教育流行语，而应多使用日常语言来描述具体的形象，这样才能更加真实地描述出每个教师切身感受到了什么、自己是在向什么进行挑战，教室里的学生是怎样学习的、遇到了什么样的挫折、又是如何克服的，等等。充满千篇一律的措辞、抽象的语言以及教育界流行的言辞的研究报告我们宁可不要。

第四点希望是举办公开研讨会时适当地收些费用。附属学校等举办公开研讨会时收取作为"资料费用"的参加费是很普遍的。但在一般的公立学校，通常都是不收参加费的。因为市町村的教育委员会说，公立学校收取带有利润性质的参加费是不应该的。但是，我认为，500日元也好，象征性地多少都该收一些参加费。因为举办一次公开研讨会，其资料的印刷费、讲师和意见提供者的酬谢费等其实都是要花钱的。此外，使用了别人提供的学习场所、接受了别人的服务之后，参加者支付相应的费用也是理所当然的。再说，作为主办学校，因为收了这些费用，就会时时想着，自己的研究和实践是否值得别人花钱来看，从而感到一种压力和责任，就从这个意义上说，收点参加费也是应该的。请别人来，就要有对内容的责任感和积极意义上的企业精神。更大胆地说一句，通过公开研讨会，为来年的研究费能够做好准备也是不错的。

3. 与参观者的应对

虽说只要把日常上课的情况如实地呈现出来就行了，但是随着公开研讨会日期的临近，每个教师多少都会有点担心。授课是不可能完美无缺的，无论是怎样出色的公开课，也都会有这样那样的不足之处。何况，在某些人看来是精彩的课，换了别的参观者，评价可能正相反。因为参观者的教育观和教学观是不同的，对授课情况的评价当然也就千差万别。正是这种不确定性，使上公开课的教师的胆怯、不安有与日俱增的倾向。

对于这种不安，我的建议是，参观的人是来看学生学习的，授课的好坏无关紧要。只要平时培养了学生如何学习，到时坦然地迎接公开研讨会的到来就行了。

关于这一点，以我在别的学校参加公开研讨会时的体会就能说明问题。当我在随意的一间教室里，看到学生认真学习的样子并留下深刻的印象时，就觉得这一次没有白来。

反过来，无论教师的准备工作做得怎样细致周到，课上得怎样顺利圆满，印刷物和讲演内容怎么充实，但课堂里的学生如果缺乏学习生气的话，参观的人都会满腹疑问而失望地走出校门的。

只要平时以真诚的态度面对每一个学生，认真地培育他们的学习方法，那么根本不需要害怕。就算当天的授课以失败而告终了，我们要传递的信息也传递出去了。

另外，参加公开研讨会的授课教师们之所以陷入不安，参观教师的不礼貌也要负大半责任。教师们通常对于别人批评自己的工作是极度反感的，然而指责起别人的工作来却言辞有加。这样的陋习使他们本身的学习态度出现根本性的欠缺。记得在我年轻的时候，有一次在参加了学校的公开研讨会后，在车站外面的小店里喝饮料时，听到有人轻蔑而尖刻地批评方才上公开课的教师，竟大声地跟他们争吵起来。我总认为，在对别人进行尖刻批评之前，应该先把自己的课堂教学公开出来。既然是参观别人的学校，就应该虚心地从那所学校的实情和教学实况中学点东西回来。

由于没有确立观摩的礼貌规范，所以公开授课的教师便陷入了过分的不安之中。在参观后的商谈会上，有的参观者甚至问："这节课的目的究竟是什么？"这样的问题只能说明他们什么也没看到。而授课教师对这些问题的反应也有问题，既然那些人对授课情况一无所知，就没有必要再多说什么，因为即使说了也白搭。而对那些根本外行的人则没有必要多理会，对他们倒可以反问："您刚才究竟看到了些什么呢？"我总是给胆怯的教师们鼓劲说，别理他们，心里想"见鬼去吧"就行了。不用把什么都不懂的人作为对象来准备和实践自己的授课，那样做只是看低了学生，看轻了自己的工作。而那些认真观察的人，则只需展示儿童的一个方面，他们就能窥一斑而知全貌了。

把授课实况展现给外校教师并请他们进行评论的公开研讨会，是推进学校改革的必经之路。虽说第一年就可以开这样的研讨会，但那样容易犯操之过急的毛病。改变学生是慢工出细活的事情，不能性急。所以，我总是把公开研讨会设在改革的第二、第三年。总之，不管是不是实验学校，每个学校都应该隔几年进

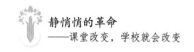
行一次自我挑战，让校内教研活动活跃起来。没有公开的研讨，就难以产生创造性的教学。

六、学校向社区开放
——校外人士参与学习的挑战

1. 教师和家长的合作

开放了教室，在校内建立起了"合作性同事"关系，那么，学校就有可能向社区敞开大门了。学校的改革只能从内部开始，但是，为了把改革继续深入下去，学校内部的改革必须要有来自外部的支持。

现今学校的不幸就在于家长和教师之间相互不信任。学校的改革，其内部的障碍主要是来自教室墙壁的阻隔（在小学里）和学科的壁垒（初中和高中），而外部的障碍则主要是学校和地方的隔阂，以及教师和家长之间的互不信任。要让教师和家长齐心合作的确不是一件容易的事。因为即便都是家长，每个人的教育观也是各不相同的，对学校、对教师的期待也各不相同。即使是同一年级的家长，一般也不大能合作。比如要在家长委员会里推选出一名负责人，大家会若干天地连续争论，各持己见，分化成一个个的小组，形成比较固定的人际关系，而难以团结一致。现实就是如此。

教师不信任家长，家长也不信任教师，只要这种状况继续下去，要全面地推进学生的学习就没有可能，教学改革的深入开展也没有可能。必须改变一旦学生遇到挫折，教师就把责任推卸给家长、而家长又把责任推卸给教师的状况。教师和家长间合作关系的建立，如果仅仅由教师单方面地向家长主动伸手，或家长单方面地协助教师，都是不能实现这一课题的。只有双方都各自自觉地认识到自己的责任，才能将合作变成现实。

2. 从参观教学到参与学习

6年前，我有幸亲眼目睹了新潟县小千谷小学的教师和家长合作关系的实现。我曾经协助该校开展了4年的校内教研活动。第一年里就把当时在各个学校盛行的家长"参观教学"改为了"参与学习"。以平泽宪一校长为首，他领导全校接受了这一新的挑战。这一改革的契机是因为受到了该校残障学生班的教学参观的启发。残障学生上课的教室和一般的教室有所不同。课堂上，学生要制作手工作品、学做饭菜，因而他们的家长在参观教学时，就很自然地加入到这些活动中去。平泽宪一校长看到这一场面，于是便结合我的提议，开始着手把别的教室的教学参观也改成家长们"参与学习"的形式，开始了这一改革。

在美国，家长作为志愿者在教室里对教师的工作给予帮助是很平常的事。能在日本的教室里实现同样的参与学习形式是我多年来的愿望。因为要克服父母以自己的孩子为中心，把对儿童的教育私事化的教育意识，就必须让家长有直接参与学校教育活动的经验。我本人也曾作为家长参观过几次女儿所在学校的教学情况。虽然过去曾经观察过那么多的教室，但是到了女儿的课堂里，我的眼睛就只顾看自己的女儿了。由此可见，要把对儿童的教育私事化的家长观念纠正过来并不是一件容易的事。要突破这一障碍，家长直接配合教师进行教学活动的切身体验是必不可少的。

最初，教师们对平泽宪一校长的建议普遍都比较消极。大家认为，那么做只会增加教师的负担罢了。假如家长在观摩教学的时候，除自己的教室外，还能自由出入别的教室，那么，他们会对教师进行比较，这样一来，教师和家长的关系不是更加恶化了吗？再有，对上课毫无经验的家长，就算作为教师的助手待在教室里，也只会碍手碍脚、帮倒忙。这么一来，双方的不满恐怕会比过去更强烈，麻烦的事也会越来越多。

但是，经过一年的尝试，教师们的看法完全改变了。自从家长们参加到学生的学习中去后，学生变得更听话了，每个学生都能安心地学习。究其原因，首先，家长们兴致勃勃的样子使"参与学习"变得轻松愉快；其次，随着参加次数的增多，家长们不再局限于对自己子女的照顾，对别的儿童也开始进行帮助，他们的意识也从以自己的孩子为中心逐步地向教室中的全体学生，甚至向学校的全体学生扩展开了；再次，过去教学参观只是母亲来参加，而改革后，不但祖父母来参加了，而且连父亲也来参加了。

到第二年，小千谷小学设定了每月两次的"参与学习"活动。到了临近"参与学习"的日子，平泽校长就在学校发出的通知上，留出许多名片大小的空白，介绍各年级计划开课的内容，家长们就按这些介绍去参观自己感兴趣的教室。这样，他们参与学习的教室就不再局限于自己孩子所在的教室了。

家长参与的方式更是各式各样。有的作为小组学习的讲师来参加，也有的代替教师来授课，还有的坐在教室里和学生一起听课，等等。在参加这些活动之前，有的家长事先跟教师商量过，但大多数都是当天临时决定参加什么活动的。有的家长与教师合作完成一个单元的教学工作，也有的家长只参加一节课的学习。但无论是什么样的形式，都完全不同于过去的"教学参观"了，家长们亲身加入到了授课和学习的活动中。

小千谷小学至今仍保持着每月一次的"参与学习"活动。平时有百分之七八十的家长会来参加。从参加人数的比例上，我们能看到家长们对"参与学习"的积极态度。大多数的家长都热切地希望参加学校的教育活动。

介绍了这个事例后，大家可能认为小千谷小学的"参与学习"之所以能够开展得如此顺利，一定是因为家长和教师之间已经建立起了相互信赖的关系吧。可事实恰恰相反。直到"参与学习"活动开展之前，学校和家长的关系都还不是太好。正是"参与学习"活动从根本上改变了学校和家长的关系。在引进"参与学习"活动之前，对学校不满的家长到学校访问时，所说的大部分都是对学校和教师的批评。但自从"参与学习"活动开展后，过去保持沉默的家长们开始积极配合学校的教学工作了，同时，原先那些有不满和持批评态度的家长也通过"参与学习"充分了解了学校的现状，开始向校方提出一些积极的建设性的意见。

另外，教师的变化也很明显。最大的成果莫过于教师们开始信任起家长来，不再畏惧家长们的批评和要求，而是认真、坦诚地听取家长们的意见了。一旦上课发生了什么棘手的事，教师们也能坦率地跟家长们一起商量解决，真正实现了教师、家长在明确各自责任的基础上的团结合作关系。

3. 为形成学习共同体而努力

小千谷小学的"参与学习"形式，通过报纸和电视在全国各地学校的教师和家长们中间传播开来，现在，各地的学校都在尝试同样的方法。由于有了这么多学校的经验，推进"参与学习"的各种创意也逐步丰富起来。

比如，为推进家长参与教室里的教学，教师往往让"客串教师"的家长来上课。当然，作为促进学校和地方的合作，"客串教师"的形式也是有效的方法之一。但是，如果在"参与学习"的最初阶段就用"客串教师"的形式，那么，来参加活动的父母很快就会越来越少。这正是教师不了解一般家长的感受的证据。因为引进"客串教师"的形式后，许多家长觉得，能参加这样活动的家长只是少部分有特殊能力和技能的人。而家长中半数以上是没有上过大学的。看着那些大学毕业、有特殊职业的家长作为"客串教师"参与活动，没有上过大学的家长们会因为自己无能而退缩。教师对于这种心理的了解似乎显得比较迟钝。所以，如果教师希望有更多的家长来参加学习的话，那么，还是避免"客串教师"的方法为宜，特别是在开始时，应该采用一种更加轻松、家长自身也能乐在其中的方式。

此外，好不容易引进了"参与学习"的方式，如果教师过分注重授课的完美性，就会使家长们受到拘束。例如，我常听到教师们抱怨，在进行小组活动时，邀请家长做临时讲师，可是他们不关注学生的思考，而是很快把正确答案教给了学生，结果一堂课上得平板无味。此时，教师往往得出"应该事先和家长做好充分商量"的结论。的确，刚开始做"客串教师"的家长都有强烈的教授知识的倾向，这是事实。但是，如果因为家长的这种状况，就在事先花费大量的时间和精力与之商量的话，那么家长就会越来越缺乏参加的兴趣，教师的负担也会因此而增大。

对于"参与学习"，还是要看开一点比较明智。一开始老爱教学生怎么做的家长有了几次"参与学习"的经验之后，也会逐渐改变做法，不再急于把答案告诉学生，而是在一旁让他们自己思考。在"参与学习"中，最重要的一点就是让家长们感受到其中的乐趣。如果教师过分追求完美的授课过程，那么就有可能使家长们觉得受到拘束，也会让学生的思考变得呆板起来。所以，参与活动越是轻松愉快，"参与学习"方式就越能持续发展下去。

现在，中学里也在普及"参与学习"。由于中学上课的内容比小学的高深且抽象，所以人们普遍认为在中学开展"参与学习"是比较困难的。但我听说了这样一件事情：某中学的家长们强烈地要求参加数学的二次方程式单元的学习，据说是因为他们至今仍然不太懂二次方程式，所以希望跟学生一块儿学习。我觉得，像这样的"参与学习"如果能在初中和高中得以实现，那真是可喜的事情。

教师和家长携起手来，学校就能重新成为"学习共同体"。早在10多年前，家长和公民作为志愿者参与授课的情形就在美国的学校里司空见惯了，然而人们认为在日本的学校里这是难以实现的。但是，自从小千谷小学的实践之后，全国多数的学校和教室都正在引进"参与学习"的做法。现在，日本家长参加的积极性比美国家长有过之而无不及。我们绝不能低估社区和家长的能力，而学校也是一个还有无数的可能尚待实现的地方。

第三章

设计课程

一、什么是课程？

21世纪的教师应具有创造学习型课程的才能。一个要求学校具有独立性、教室具有个性的时代已经到来，而具体地表现这种独立性和个性的，就是课程。

但是，现在问到多数的学校或班级"你校（班级、年级、学科）的课程怎么样"的时候，能明确地问答"我校（教室、年级、学科）课程的特征是……"的校长或教师究竟有多少呢？

很多校长会拿出"学校简介"来说明"我校的教育目标"，几乎所有的教师也都会拿出"学年教学大纲"来进行解释。但是，遗憾的是，"我校的教育目标"、"学年教学大纲"等虽然是课程的一部分，却并不等于课程本身，因为课程既不是"教育目标"的展示图，也不是"教学大纲"的一览表。

在教室中，"创造课程"之所以没有进展，其最大的原因在于：在日本，课程的概念被误解了，呈现混乱状态，这种误解和混乱目前还仍然持续着。现在，大家都在热心地议论着"创设综合学习课程"的事，而实际情况是大多数学校都倾向于制订课程的"目标"和"计划"。

那么，课程到底是什么呢？"创造课程"该干些什么、怎么干呢？

所谓课程，一言以蔽之就是"学习的经验"。在"课程"

这一词的英语释义中也有"履历书"的意思。所以，"课程"是"学习的轨迹"，也是"学习的履历"。即是说，"创造课程"并不是制订"目标"或"计划"一览表，而是要实际创造学习的经验。课程并不是在办公室里或教研室里创造出来的，而是在教室里一天天地慢慢创造出来的。因此，即使课程在一学年或一学期开始前就准备好了，但从本质上说，它是在一学年或一学期结束后作为"学习的履历"而被创造出来的。这样，课程的"独立性"和"个性"也就不过是每天都在追求的"教学"与"学习"的"独立性"和"个性"而已。

"创造课程"可通过三种活动来进行。一是学习经验的"设计"，二是创造学习经验的"教室实践"，三是对这种学习经验进行"反思和评价"。

毋庸赘言，这三种活动的中心是"教室实践"。因为课程是在教室中创造出来的。

如果把这三种活动阶段性地加以区分的话那就错了，因为在实际创造课程的进程中，是以"教室实践"为中心，同时进行"设计"、"反思和评价"的。

"创造课程"的能力是教师专业能力的核心。本章将就"创造课程"的实践方针做具体的阐述。

二、以"学的课程"为中心

"curriculum"一词通常被译作"教育课程"。然而,"教育课程"所表示的是教师教学的"教材概要",并不表示作为"学习经验"的课程。

日本学校的一个特征,如同"教育课程"这一词汇所表示的那样,把"教的课程"组织得十分细致、周密、有计划,而与此相反,"学的课程"的设计却十分薄弱。

如果以"学的课程"为中心来设计课程的话,那么其创造课程的中心课题就应该是以学生的认知兴趣和需要为基础的单元主题、作为主题探究的资源的素材或资料,以及促进学生的探求和交流活动的学习环境等,而且对该单元中学习发展性的预见也非常重要。

所谓学习,是与作为教育内容的对象世界(物)的接触与对话,是与在此过程中发展的其他学生的或教师的认识的接触与对话,是与新的自我的接触与对话。学习是通过创造世界(认知的实践)、人际交往(交往的实践)和完善自我(自我内在的实践)这三种对话性实践而完成的。我把通过这三种对话性实践而完成的学习的特性称为"学习的三位一体论"。

创造以学为中心的课程,具体说来,就是把与对象物的接触与对话、与学生的接触与对话、和自我的接触与对话作为单元的单位而加以组织。不论是学科学习还是综合学习,都是把"活动

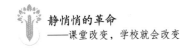
的、合作的、反思的学习"作为一个一个的单元来加以组织的，可以说这就是创造课程。

因此，怎样组织单元是创造课程的中心问题。在迄今为止的传统的学校教育中，单元一直都是作为"目标·达成·评价"的单位而进行组织的。这种模式是具体地设定教学内容的目标，把能有效地达到这一目标的活动组织到教学过程中，并用考试来评价达到目标的程度。作为这种"目标·达成·评价"的单位的活动单元便构成了"阶梯型"课程，通过这种课程使有效地传授大量的知识和技能的教育变为可能。然而，这种模式的弊端是显而易见的。"阶梯型"课程的学习经验必然是狭隘的、划一的，评价必然是简单的、一元化的。

今后，学校教育的单元有必要设计为以"主题·探求·表现"为单位的"登山型"课程。在这种模式中，要创造这样的学习，即设定作为教学内容核心的主题，学生能用多种多样的方式，展开活动的、合作的、探究的学习，并能相互表现和共享学习的成果。

创造以学为中心的课程，从实践的角度来看，是一种挑战，因为它要求把课程的单元放在"主题·探究·表现"的模式中加以设计，而在教室中则要实现"活动的、合作的、探究的学习"。

三、"综合学习"为什么会混乱?

在新学习指导要领中,提出了"综合学习课程",大家对"创造课程"的关心顿时就高涨起来。综观教育杂志中对热烈开展的关于"综合学习课程"讨论的报道,总觉得多停留在观念层面,抽象的倾向比较突出,甚至还有一些混乱的概念存在。比如,出现了"交叉课程"、"横向学习"等专门用语,到处流传着"与学科学习有什么不同"、"与学科学习是什么关系"之类抽象的议论。再有,以"综合学习"为主题的学校的公开研讨会上,很多教师蜂拥而至,但一看这些所谓的"综合学习",大多数都是"……生动的体验"、"……校园节"之类花样繁多的活动。因此,可以说,围绕"综合学习"的议论和实践真是混乱重重。

为什么围绕"综合学习"的议论和实践会出现如此浮躁的现象、陷于极度的混乱呢?其理由之一是由于教育宣传媒体、教育评论家以及教育学者的言行所造成的。往往是,只要学习指导要领中提出了一个新领域,立刻就会围绕它而形成一个庞大的市场。那些对"综合学习"并没有认真研究过,也未曾实践过的研究者、评论家们开始发表这样那样的评议,那些不想通过自己的实践去深入研究的教师们也乐得依据这些粗浅的议论去开展工作,这是造成混乱的最大原因之所在。所以,对教师而言,很重要的一点,首先是不要被人操纵,不要陷入教育媒体市场制造的议论旋涡中去。

除此之外,在这些浮躁的议论和混乱的实践中还潜藏着更大的

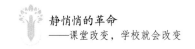

问题。这个问题更为本质和深刻，那就是——对"综合学习"理解混乱的教师根本没有想亲自与学生一起研究现实的主题和内容。

而有些教师却早在文部科学省提出"综合学习"之前，就已和学生一起追求现实的主题和内容，开展关于人权学习、和平学习、性知识学习、环境学习等"综合学习"的实践了。那些教师不为人知，默默无闻地、脚踏实地地工作着、探索着。现在，正是他们在把"综合学习"作为有意义的实践而积极地推进着。

那么，为什么许多教师没有在"综合学习"中应予追求的现实主题和内容呢？这是因为许多教师都只在学校中生活，他们并没有作为一个市民而生活在社会中的缘故。

如果是作为一个市民而生活的话，那么需和学生一起探究的课题比比皆是。如果去到社区，就会发现诸如环境问题、福利问题、人权问题、公民歧视问题，等等，应该学习的课题堆积如山。"综合学习"绝不是一个困难的领域，关键在于一定要有一个普通市民所应有的、能与学生一起探究的主题，同时一定要有改革课堂学习的决心，二者缺一不可。

四、综合学习和学科学习

综合学习产生混乱的原因还在于认识上的错误，即把综合学习理解为通过"经验（体验）"而进行的学习，而把学科学习理解为通过"知识（技能）"而进行的学习，这种两分法的错误理解导致了认识上的错误。

如果按照上述理解，那么，综合学习就陷入活动主义与体验主义中，而学科学习就陷入知识主义与技能主义中了。为避免混乱，必须先要确认一点，那就是，不管是综合学习还是学科学习，都是实现学习的课程，在这一点上它们是相同的。

那么，综合学习和学科学习有什么区别、怎么会不同的呢？这二者之间的不同，并不在学习形态方面。综合学习和学科学习的区别在于把"知识"和"经验"组织成单元的方法不同。综合学习是以现实的"主题（课题）"为核心，把"知识"和"经验"组织成单元的学习；而学科学习是以学科的"内容（题材）"为核心，把"知识"和"经验"组织成单元的学习。也就是说，综合学习和学科学习是两种把学习组织成单元的不同模式。

因此，如果综合学习和学科学习二者都能有效地组织的话，从外表上看不出二者之间的区别是很正常的。若一眼就能看出是综合学习或是学科学习的教学实践的话，那不管是综合学习还是学科学习，应该说是有问题的。如果是教育上有意义的综合学习，那它会成为学科学习那样的学习；反之，如果是教育上有意义的学科学习，它也会成为综合学习那样的学习。

然而，在课程编制上，综合学习和学科学习成为能明显地区别开的两种课程，即用现实的课题（主题）为中心组成的单元，组织而成的学习课程（综合学习）和用个别学科的内容（题材）为中心组成的单元，组织而成的学习课程（学科学习）。

把这两种课程作为各自独立的两种课程来处理是比较妥当的。常常成为问题的是二者内容上的联系，但是，与学科学习毫不相关的主题可以组织到综合学习中去，与学科学习重复的主题也可以组织到综合学习中去。

无论是教师想探求的主题，或是学生想调查、探究的主题，不管其是否与学科学习有关或重复，都可以作为综合学习课程中有意义的学习而加以实践。

迄今为止的日本学校课程，仅仅只以学科学习的模式进行组织。学科学习的重要性也许今后也不会改变，但在进行学科学习的同时，也应该把处理人生征途中谁都会面临的现实课题、现代社会所要求的现实课题的直接学习和学科学习并行起来加以组织。综合学习就是在向这种学习挑战。

五、综合学习诞生的时候

这是一次神奈川县藤泽市小学三年级学生的实践活动。三个班级的教师商量了以"海洋中的生物"为主题开展教学，开始向综合学习挑战。大多数学生的家虽然都与海相邻，但在他们的生活中，却从未去海边散过步，也没有接触过海洋中的生物。

有位教师看到学生的这种情况，这样说："因为大自然是复杂的，是不可分割开来的，因此自己头脑中的编码就必须得与之相一致，这样去认识大自然，否则碰到一点意外的事，都会惊慌失措。"

于是，教师让这些学生多次去接触海洋，让他们体验在海边碰到这样那样的东西的喜悦，体验由此产生的探究的喜悦，这就是教师们最初的目的。

从4月份起，学生每月至少要到海边去一次，开展接触各种各样生物的活动。对多次外出他们毫不厌烦，热情地投入调查海岸的活动中去。教师还组织学生参观了水族馆，请那里的专业人员以"海洋生物"为主题给学生开专题讲座。之后，教师多次组织学生去海边散步，这样，把学生对海洋的兴趣和爱好逐渐固定下来了。

在海边，有的学生收集海星，有的学生对海贝之类的东西很感兴趣，有的学生对寄居蟹的生态趣味盎然，有的学生对海蜇的种类及身体结构十分着迷，有的学生被小鱼吸引住了，有的学生则对有毒的鱼类充满好奇，还有的学生对在水族馆里听到的鳗鱼的生长过程感到奇妙而有趣，等等。

于是，按兴趣、爱好的不同，学生组织成若干小组，分头把在海边、水族馆所发现的，在书刊、图鉴中所查到的内容汇总起来，准备举办一个"海洋生物展览会"。这是一次各小组相互交流、共享调查和学习成果的活动。到10月份，学生请他们的母亲到教室观看教学活动，并成功地举办了"海洋生物展览会"。

这半年内开展的活动，说它是平凡的，它的确是平凡的，只

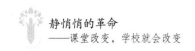
不过是组织学生三番五次地去海边，去和海洋生物接触，把从一次又一次的接触中产生出来的兴趣引导到进行分组探究和表现的活动而已。然而正是由于活动的这种自然、朴实，才显出其精彩和美妙。

有三位教师一直很重视这种自然的活动所创造出来的学习价值，只需看一下学生观察日记中所记录的一幅小鱼的画，就可感受到他们在认识上的变化：一开始是像漫画那样的插图，随着一次次反复体验，后来非常细心地画，画得像工笔画那样细致了。

学生自身的观察力也在发生变化。刚开始调查海水退潮的情况时，在海水滞留的地方他们什么也没发现。而现在，即使是透过海水不易看到的一个个小虾，他们也不会放过。学生的变化可以举出很多很多，如过去兴趣不能持续、对活动不能集中精力的学生，在综合学习中都能持续地精神饱满地活动；过去在众人面前讲话的声音轻若蚊虫的学生，在展示会上都能愉快地以嘹亮的声音发言了。综合学习能否成功，关键在于教师的目光能否细致地看到每个儿童在学习过程中的细小变化，教师能否关注其发展，并予以爱护和帮助。

六、综合学习的乐趣

静冈县富士市广见小学四年级学生的三个教室中，开始了以"水"为主题的综合学习。这一学校所在的地区是富士山山麓的开拓地带。据说该小学的教师曾困惑地感到："这里既没有山，又没有海，历史也不悠久，在这样的地区以什么为主题才能开展好综合学习呢？"

该校决定从调查饮用水和生活用水着手开展综合学习。访问市区净水处理场后，综合学习的开展发生了很大的变化。这是因为访问净水处理场后师生们了解到这样的事实：处于校区范围内的家庭中只有三分之一的家庭和下水道相连。为此，师生们大为吃惊。

学生家长知道这一情况后也马上参加到调查的队列中来。每个下水道口的盖子上都刻有富士山的标志，并且污水是朝着富士山顶的方向流去的。他们以此为线索，从一个下水道入口处找到下一个入口处，并逐一在地图上标记出来，这样，地面下的下水道网络就很清楚地显现在地图上了。

调查结果发现，配置有下水道的地区仅仅是最早开发的学校附近的地方，而其他地区的住家厕所的用水是由各住家的净化槽加以处理的，但其生活用水则不做处理，直接注入河流。

那么，为什么广见镇的下水道未能配备齐全呢？教师和学生们开展了各种活动，有的去市政府调查，有的得到下水道部设施科的协助，揭开了下水道入口处的盖子，调查散发出臭气的污水状况，有的访问学校附近的下水道施工现场，听取工作人员的介绍。

结果，他们了解到，广见镇的地基的大部分是富士山火山爆发后所生成的大岩石，因而下水道施工是很不容易的。

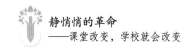

　　该地区土地起伏不平。因此，若是处在坡地上的住家，其下水道必须挖得很深，才能接到下水道干线上。通过调查，师生们还了解到该地区住宅建设发展迅速而下水道设施滞后；城市道路规划也给下水道建设带来了困难。

　　此外，他们还了解到污水治理工程需要巨额费用，而这是居民们不堪负担的。通过埋在地下的看不见的下水道，教师、家长和学生共同开展的关于"污水"的学习，进一步发展到一个接一个地发现这个城市表面看不到的种种关系的学习。据说教师自己对这一学习也着迷了。

　　综合学习概念混乱的原因之一是，有一种把"综合"的意义狭义地理解为"学科的综合"的倾向，"横向学科"这种论调也助长了这种混乱。广见小学的以"污水"为主题的综合学习，是学生与地区的"综合"、教室与地区的"综合"、教师与学生的"综合"、教师与家长的"综合"。

　　综合学习是不是把"学科"做了"横向"跨越或"综合"，那要看结果，学习过程不管如何做都是可以的，重要的是，只要在学习过程中能进行以"主题"为中心的探究性学习就可以了。

　　进一步而言，在广见小学的综合学习开展过程中，"课程"不是事先做好"计划"的，而是作为学习经验的积累事后确定的，这一点也很了不起。

　　从这一自然地开展综合学习的事例中，我们希望发现综合学习产生并发展的途径。

七、创造综合学习的教师

下面，介绍三重县伊势市大淀小学五年级教师大西先生第一次实施综合学习的情况。那时，他在社区周围转了好多次，确信这一带拥有丰富的教育资源，他每次绕社区转一圈都感到有新的发现。

首先，印象最深刻的是老年人生气勃勃地生活着，其原因是很多老年人都从事该地名产"羊栖菜"的生产制作工作。经调查才知道，这个表面看来没有什么特征的平凡海边城镇，正生产占整个日本所消费的80%以上的羊栖菜。在了解了这一事实之后，他与学生共同参与的综合学习实践活动就开始了。

先以"寻找大淀最漂亮的地方"为主题，让学生分组在社区边走边观察，然后相互交流各自看到的情况。

"街上的人们都很亲切、和善"，"大家都心情愉快地相互问候"，以这些细小的发现为出发点，学生进而开展了探究人与人的交往关系是在哪里产生的、又是如何延伸出去的等活动。经过多次在街上行走观察，他们观察到，正是这些生产羊栖菜的小厂家、批发店和商店等是该城镇人们生活和人际关系的主要枢纽。过去进餐时，有些学生多半把羊栖菜剩下来，而现在由于知道了它是当地的名产，便积极地投入"羊栖菜"学习中去了。

教师组织学生到渔业协会去了解"羊栖菜"的历史，了解这个城市"羊栖菜"的生产量和销售地区，还访问了"羊栖菜"的生产工厂，学习了"羊栖菜"的种类和制作方法。他们知道了"羊栖菜"的原料几乎都是从韩国进口的事实，即使在今天，日本国产原料的"羊栖菜"数量仍很少，且都是手工生产的。在大淀海岸采集到的"羊栖菜"的价格十分昂贵，但其味道确实是顶级的。这一个又一个的见闻开拓了学生的视野，最后，他们学会了"羊栖菜"的烹调方法，这个单元便告结束了。

提到活动，大西先生说过："在活动中，我自己也像着迷似的感到十分愉快。"由此我认为，综合学习能否成功取决于教师自己能否与学生一起共同愉快地学习，这一点比什么都重要。不管教材如何出色，不管资料准备得如何丰富，不管指导方案制订得如何完美，如果教师自己不能与学生一起愉快地学习的话，那么学生的学习也就得不到发展。作为学习设计师的教师，首先要求他们自己要勤奋好学。

在推进综合学习的教师中，我觉得有很多是具有适应此要求的良好素质的人，这种素质如果一言以蔽之的话，即是能基于"事实"进行"探究"的素质。我甚至觉得，这种素质与其说是存在于那些学生时代就一直优秀的教师中，还不如说是存在于那些学生时代不爱学习，而在大学阶段或进入社会后才体验到学习的乐趣，从而大开眼界、不断进步的教师中。辞去汽车公司的工作、好容易才当上教师的大西先生就是这种情况的典型。

综合学习对教师的"学习"素质和文化提出了新的要求。

八、公民教育和学习"学习"方法

首先要明确设置综合学习课程的意义，总的来说，其意义有两点。

一是具有进行公民教育的意义。现在世界各国都在积极开展"公民（citizenship）教育"。"公民教育"涉及三个方面内容：作为地球公民的公民性、作为国民的公民性以及作为地区居民的三个层次的公民性。"综合学习课程"所包含的信息教育（培养适应信息社会的能力）、环境教育（培养环境保护的意识）、国际理解教育和福利教育等四个领域，表现了它作为"公民教育"的定位。

在以前的学科教育中，其社会科、家政科、理科和道德教育等也一直都是局部地针对"公民教育"的。但是，要真正进行"公民教育"，单靠学科教育是不够的。在人生旅途中谁都有可能面对的问题，或在现代社会中人人都可能碰到的问题，进而，作为地球公民的每个人都应以全球性的视野予以考虑的问题，都有必要作为学习的主题而加以探讨和研究。"综合学习课程"中的"信息"、"国际"、"环境"和"福利"教育正是适应上述要求的。如果理解了这一点，我们就可以知道"综合学习课程"是与全球课程改革的动向相一致的。

综合学习课程的另一个意义在于"学习'学习'方法（1earning how to learn）"。在过去的十年中，我访问了全美各地的很多学校，参观了那里的开放式教室，这种教室实际上是开放式学校传统做法的延伸。在这类教室中，设有与通常的学科教育课程不同的、称为"主题学习"的综合学习课程。在"主题学习"时，用一年的时间探讨、研究某个特定的主题。这些主题有"环境破坏"、"鲸的生态"、"广叶树的种类"、"日本的文化"、"中世纪的宗教与生活"等，各种各样的内容都有。

其中，也有不少教室设定了"中药"、"枫叶蜜"之类相当特殊的主题。在这些教室中准备了很多资料，学生可按自己感兴趣的问题开展研究活动，并把学习收获写在本子上。这种主题学习的主要目的是进行"学习'学习'方法"的培养和训练。

这种每年把"主题学习"作为课程加以组织的做法，在高呼"学生中心主义"的美国学校中已经持续了近一个世纪的实践。

要想在日本的学校中实践以"学习'学习'方法"为目的的"主题学习"课程，综合学习的实施正是为此准备条件。而实现的关键在于要有明确的目的，是为了实现和事物对话、和他人对话、和自己对话这种形式的"学习"而组织的这种课程。另外，要准备丰富的资料和环境，认真地组织好以"主题·探究·表现"为单位的单元。

我们期待着下一步能将综合学习作为"学习'学习'方法"的课程而固定下来，并能使包含学科学习在内的各门课程都以"学"为中心重新加以组织。

九、没有正确答案的学习

综合学习是一种没有正确答案的学习。即使一个问题解决了，马上又会出现另一个更大的问题在等着去解决。下面，用几个事例来介绍一下这种富有追求性的学习的情况。

滋贺大学附中早就以开展"琵琶湖"为主题的综合学习而闻名。我去访问的时候，双方还就如何在过去"琵琶湖学习"成果的基础上开展下一步研究课题的问题交换了看法。

当时，在一个教室里，一位从滋贺县环境科请来的研究员正在回答学生们提出的问题。

学生提出的问题是："已经了解到琵琶湖受污染的原因是生活污水所致，接下来我们不知道究竟该调查研究什么才好。"

县环境科的研究员用反问的方式对这一问题提出了质疑："你们再不怀疑生活污水是琵琶湖污染的主要原因的报道或常识了吗？"这位研究员说这段话的意思是：如果这真是一个常识性的问题的话，那就没有什么必要再进行调查研究了。

在另一个教室里，一位一直从事环境保护工作的瑞士人作为贵宾在围绕环境保护问题与学生座谈和交流。大多数中学生的意见没有超越"爱护自然"、"爱护地球"之类的框框。对此，那位贵宾提出了一个问题："人类从自然界撤退出来就是保护自然吗？"他的意见是："如果人类从自然界撤退出来的话，就会有自然界变得荒废不堪的话题了。"这是一个很现实的问题。人类如果从自然界撤退出来，自然界就会荒废，的确有这样一种说法：瑞士的环境保护是依靠旅游、观光业的发展才有可能实现的。一个地方开发成旅游胜地后，才能防止山林的乱砍滥伐，同时，保护自然，需要巨额资金，而这些资金正好可以从旅游收益中得到。对于那些认为科学技术和产业的发展造成了环境破坏的中学生来说，这位瑞士人的发言充满了新意：即仅仅是空谈"爱护自然"、"善待地球"，是不可能保护环境的。丰富人们的生活以及与自然共存共处这两件事必须协调好，如果做不到这一点，就不可能找到保护环境的方法和途径。如果敌视科学技术的开发和产业的发展，是不可能解决任何问题的。

还有，在另一个教室里，请了一位来自印度的留学生就"环境问题与国际理解"这一主题进行交流、讨论，在那里也谈及一个很深刻的问题。

这位印度留学生向中学生诉说自己到日本后，日本人的偏见和不理解让他一直感到很烦恼。他追问中学生，像今天这样邀请我来，听我谈话，这种称为加深"国际理解"的国际教育方法本身是不是有问题呀？学生们无言以对。他的意思是说：跨越国界后，相互之间是很不容易沟通的，对这一相互理解的艰巨性希望能有充分的认识。

就是这样，综合学习是没有正确答案的学习，轻易地给综合学习课程定位或下结论都是不行的，必须慎之又慎。

十、从现实出发进行学习

综合学习最大的魅力就在于从活生生的现实出发进行学习。在东京某个中学的三年级教室里，以"向残疾人学习"为主题，邀请了住在本区的全盲妇女到教室来，学生从她们生气勃勃的生活和工作的现实情况中学到了很多东西，并进而开展了学习盲文、翻译盲文的志愿者活动。

学生首先体验蒙着眼睛走路的感觉，并与残疾人见面。这次见面对学生的影响和冲击很大。某个全盲的女孩很喜爱打网球（球里装有铃铛），其球技之高明，连网球部的中学生都赶不上她。这次体验也使中学生们主动反思自己过去的错误看法，以前他们认为残疾人是无能的，是只需要帮助的人，而现在认识到这是一种带歧视性的观点。残疾也可以说就是一种特点，残疾人也拥有他们自己的世界，他们的生活也很丰富多彩。

盲文学习也令这些学生深受感动。学习了盲文的中学生们，每个人都能用盲文写下自己的名字。他们还每人送给这位盲人女孩一句话，并请她读出来。

盲人女孩念出来后，向学生们说"谢谢"。看到她能认出自己写的盲文，几乎所有的中学生都高兴得热泪盈眶。

这里的基点是人与人之间通过语言互通心声而感受到的喜悦。"向残疾人学习"这一综合学习主题成了中学生思考自己的思想方法、感受方法和生活方式的学习。从现实出发进行综合学

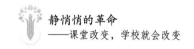

习的优点正在于此。

可是，有时候虽然进行了综合学习，什么收获也没有的情况也不少。

在某中学开展了以"老人福利"为主题，在附近的养老院体验为老人服务的志愿者活动的学习。这是一个照顾患病老人的养老院。中学生们事先商量了自己能做些什么并做了准备，有的准备和老人玩扑克牌，进而与他们交谈；有的打算用筷子和汤匙喂老人吃饭；有的想唱令人怀念的儿歌以促使老人开口说话……但结果这一切活动完全是单方面的一厢情愿，老人们始终闭着眼睛一声不吭。

不管哪个老人都似乎不喜欢别人帮助他或介入他的生活，即使发给他们扑克牌，他们也像没有看到那样；和他们说话，却扁着嘴不开一口；把筷子和汤匙送到他们嘴边，他们却把脸转过去……他们除了自己用筷子吃东西外，别的什么都不想吃。

这些老人虽然那么明确地拒绝帮助，但学生们还是不死心，继续尝试别的办法，一心想"帮助老人做点什么"。教师丝毫不介意学生的失败。他最后问学生："有什么帮助办法成功了吗？"并让学生把活动情况记录在笔记本里。

为什么这位教师不让学生在这段时间里只默默地陪坐在老年患者身边呢？因为从活生生的人那里学习，从活生生的现实生活中学习，是综合学习的特点。离开这一特点的综合学习，其结果只会一事无成。

需要注意的是，综合学习同样存在强化学生偏见和观念不同的危险，而且并不少见。作为教师，在对学生进行教育的同时，首先需要克服自己的偏见和差别观念。

十一、虚假的"自主性、主体性"

在某小学五年级的一个教室里开展着这样的学习：每个学生各自决定了主题，制订了调查计划，展开了个别的学习。有的以地区商店街上日本点心的制作为主题制订了学习计划；有的则制订了调查蔬菜店各种商品产地的计划。不限于这个班级，常常可以在很多学校的综合学习实践中看到这种状况，即让每个学生以自己的兴趣和爱好为中心，制订个别化的课题计划，开展"自主的、主体的"学习活动。

可是，如果仔细观察一下这些教室的情况就会发现，虽然有一部分学生能有目的地、主动活泼地进行学习活动，但多数学生却只停留在表面性的活动上，有的仅仅草率地做一些调查就停滞不前了；有的虽然确定了课题，却不能制订出学习计划来。这些学生失去了学习的目的和方向，热衷于闲聊，浪费了很多时间。

而往往在这种时候，教室里最容易出现纠纷、暴力的情况。那些学习不能顺利进展下去或失去目的和方向而感到厌烦的学生，为了填补空虚感、无能感，就会相互捉弄或使用粗暴的语言。综合学习中出现的这类混乱情况，在全国中小学中曾见到过

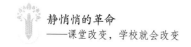
不少。

为什么会出现上述这类混乱情况呢？其责任当然应由教师来承担。这种教室里的教师总认为，只要让学生"自主地、主体地"设定课题，每个学生都"自主地、主体地"自己解决问题，就是很好的综合学习了。因此，他们热心于指导学生在活动前写"计划"，活动后写"反思"，而教师自己对重要活动题材的发展却缺乏预见，没有准备丰富的办法或对策，对很多学生失去方向、陷入困惑的事实无动于衷。强调学生的"自主性"和"主体性"听起来是很好的，但是，上述做法实际上是把学习这件事完全听任学生自己来做，依赖于学生自己的能力和努力，这种做法极端地说，是不负责任的表现。

每个学生自己制订计划、自己独立学习的方式不是学校应组织的学习方式。学校是通过教师的帮助和学生的合作，来实现学生独自一人无法进行的学习的场所。

综合学习也不例外。尊重每个学生的"兴趣"和"爱好"是很重要的，但这并不是为了还原到"自主性"、"自我解决"上去，而是要在教师的帮助下，把学生组织到其个人无法进行的、合作的学习活动中去。在"学生的自主性、主体性"这些美丽辞藻的背后，隐藏着教师无责任心的一面，要说这是一种欺骗也不为过。

要搞好综合学习，对主题及内容的发展具有预见性是决定性的因素，但更重要的是教师要把设计好每一个学生的学习作为自己的责任。

十二、从"勉强"到"学习"的转换

综合学习是课程改革的突破口。但综合学习每周不过才2~3课时。当综合学习中创造的学习与学科学习的改革结合起来时，综合学习实践就有可能导致教育课程的整体改革。反过来说，综合学习不管开展得多么好，但如果不能推动学科学习的改革的话，则可以说课程改革就没有成果。日常的学科学习的改革才是中心课题。

学科学习改革的中心课题，简而言之，就是实现从"勉强"到"学习"的转换。迄今为止的学校教育都受应试教育文化的支配，以高效率地学好规定的教科书内容、应付考试为目的。"勉强"就是这样的活动：学生不需要与任何事接触，不必与任何人或物对话，单单靠坐在教室里，一味地开动大脑细胞就可以了。因而，把"勉强"说成是"偏重知识"是不对的，原因在于，失去了与对象、经验的联系，失去了来龙去脉，其知识便没有了意义和联系，就不称其为知识了，而将之称为"信息"还正确一些。在"勉强"的过程中，"知识"被置换成了"信息"，具有意义结构的"经验"被置换成了仅是意味着个人自身活动的"体验"。

把"勉强"转换成"学习"，无论在综合学习还是在学科学习中，都应当成为一个核心的目标。

把"勉强"转换成"学习"的首要课题是组织"媒介化的活动"。"勉强"是通过坐在教室里的脑神经的活动来进行的。与此相反，学

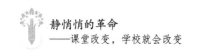
习则是和人、物、工具及素材的接触，进行"媒介化的活动"而实现的。因此，必须在上课时组织观察、调查、实验、讨论及表现等各种具体活动。组织"媒介化的活动"是构成教室中学习的首要工作。

把"勉强"转换成"学习"的第二个课题是实现"合作"（分组活动）。"勉强"是个人的活动，而学习则是合作的活动。以前，在提倡"独立解决"、"自学自习"的"勉强"文化中，把不借助别人的帮助、独自解决问题的学习称为好的学习。但是，在"学习"的文化中，则追求"互惠学习（reciprocal learning）"，即积极接受他人的多种意见和认识，并毫无保留地告知自己想法的相互学习。因此，学习是通过"个体与个体的切磋"这种"合作"方式来实现的。

把"勉强"转换成"学习"的第三个课题是把"获得"并"巩固"知识和技能的学习转变为"表现"的、"共有"的学习。"表现"所学到的东西，并通过和同伴"共有"，学生才能反思性地领会知识和技能，确切地掌握其含义。通过"表现"和"共有"而进行反思性思考，是学习的最大推动力。

实现"活动的、合作的、反思的学习"成为课程改革的课题。

十三、在活动中的合作学习

在课堂里推进课程改革的"活动的、合作的、反思的学习"是一种什么样的学习呢？下面以具体实例来加以说明。

　　这件事发生在东京都三鹰市的小学教师原田先生所带的三年级教室里。算术中的"分数"是比较难的内容之一。"比例分数"和"量分数"的关联是造成困难的主要原因。原田先生找不到解决这一困难的好教材，在犹豫中，他决定从引入分数出发开始上课。首先，他让大家把桌子移开，围坐成一个圈相互交换意见。他先问道："分数是指一定的比例，大家知道'打碎'是怎么回事吗？"马上有许多男孩回答说："我知道，杯子打碎了。""盘子打碎了。"……"那么，分数是指的什么呢？"原田先生又问，学生们都闭口说不上来了。

　　于是，对九九运算一直觉得很难、不会除法的亚里同学开口说话了。他说："我知道。"亚里家里有六个兄弟姐妹，吃晚饭分菜时，姐姐总是先一分为二，一半分给爸爸、妈妈、爷爷和奶奶四人，而剩下的一半则分给六个兄弟姐妹。亚里想分菜，但家里的人说"亚里不懂分数"，所以不让他干。他说："姐姐很狡猾，我总是吃亏。"引得大家哄堂大笑。

　　接着，又一个男孩说："就是分菜的分数。"马上有几个学生附和说："我家里有三个兄弟姐妹！""我家里有四个兄弟姐妹！""我家我是独生子！"于是，学生就开始演示起各家"分菜的分数"活动来。每一次，几个学生组成一个小组，进行菜的分配。其间，亚里非常努力地做着九九表的练习，甚至在休息时、在练单杠时，他也在背九九表——因为要参加"用分数分菜"，必须会九九表。

　　原田先生为了能使学生持续地投入分数的学习中去，决定把其他单元的"带分数"问题也结合起来，这样教学就进入用分数来表示相除后出现的余数的问题。这时，又是亚里用"用分数分菜"

的思维方式发言道："我家里分剩下来的菜总是给爸爸和哥哥的。"学生的这种想法在进餐"分菜的分数"活动中，在处理剩余橘子的分配问题中，都得到了进一步的加深和明确。

当教科书的分数教学结束时，原田先生向学生提出了新的问题，即刚开始学习这单元时，有同学提出的"打碎杯子"、"打碎盘子"是不是分数的问题。学生分成几组，实际地敲碎了杯子、盘子来确认。

在这样的实践活动中，我们可以看到生动活泼地开展的"活动的、合作的、反思的学习"的情况。

十四、组织合作的探究

在福岛县郡山市金透小学教师菅野先生的理科（科学）课上，让四年级学生通过实验来确认"云是怎样产生的"。做这一实验时，先在三角烧瓶中放入水，使水沸腾，然后，观察从烧瓶上端玻璃管中冒出的水蒸气。这是听取了一个男孩说的"空气中的水分冷却后变成水、产生云"的意见而做的实验。菅野先生把这一"云的产生方法"作为认识物质的三态的例子之一，作为前一单元"观察阿武隈山"后的延伸学习。

不一会儿，烧瓶里的水沸腾了，水蒸气从玻璃管中喷出来。看到这一现象，每个学生都用各种各样的语言来表达各自的发现，有的说："烟冒出来了。"有的说："不是烟，是热气！"有的说："这热气变成白色的了。"也有的说："这热气就叫作水蒸气。"

在这一过程中很有意思的是，每一个人的发现与所表达的语言在教室中连锁地产生出来。例如，第一个喊出"啊，啊"的是菅野先生。这"啊，啊"的声音表示并不是漫不经心地在进行实验，而是表现出在观察实验过程中有所发现的态度。菅野先生的这一做法确实很奏效，随着他的叫声，到处都响起了"啊，啊"的声音，学生一个接一个地用语言表达自己的发现。"烟"、"热气"、"水蒸气"这些连锁的词语很重要。开始时，"水蒸气"这一概念只有一部分学生知道，不久，每个学生都开始使用这一词汇了。从中可以看到，学生是如何把这一词汇变成自己的语言来使用的。科学的认识就是这样在合作交流中建立起来，然后再由每个人将之内化为个性化的认识。

每个学生通过实验验证了"水蒸气冷却后变成水"这一现象后，就在教室前集中起来，开始探究观察过程中产生的有趣的问题。一个问题就是，从烧瓶中的水面到玻璃管出口的部位有没有水蒸气。即是想探究水蒸气是否是透明的、空气中是否含有水蒸气这类问题。学生根据玻璃管中有水珠这一点确认了烧瓶里的水面与玻璃管口之间的空气中含有水蒸气，还确认了玻璃管口热气消失的地方也有水蒸气。菅野先生与学生一起，在进一步确认了教室里的空气和教室外面的空气中均含有水蒸气后，就结束了这一堂课。

这样的与物对话、与伙伴对话的合作探究，向我们揭示了科学学习的本质过程应该是什么样的。

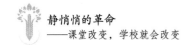

十五、通过对话深化学习

信州大学附小五年级学生在学习理科（科学）时提出了"霜柱为什么会产生"的问题。

"因为冷，所以会产生霜柱"，这是很单纯的想法。作为实验，把含水的泥土放入烧杯中，再放进冰箱冷却，这样做不会产生霜柱。因为太冷的话，泥土中的水分冻结起来，就不会产生霜柱。接着，让学生早晨起个早，实际观察霜柱出现的现象，从而使学生们知道了地面的温度在零度以上而大气中的温度在零度以下时才会出现霜柱的道理。也就是说，霜是大气中水分冻结的现象；与此相反，霜柱是地里的水分结冰、结晶的现象。

于是，学生们决定就"泥土与霜柱的关系"做调查、做实验。清晨，他们调查了学校周围的情况，取了一些出现霜柱地方的泥土和不出现霜柱地方的泥土，后者是"运动场上的泥土"和"田里的泥土"，前者是"球场网隔后面的泥土"。

接着，在理科（科学）学习时间里把学生分成几组，用采集来的三种不同的泥土，进行"泥土中的水分是怎样渗出来"的调查研究活动。实验时，先将泥土放入开孔的试验管里，再放进水里面，然后观察水渗透的现象。"田里的泥土"粒子比较粗、间隙多，水只渗透泥土沾水的部分。而"运动场上的泥土"和"球场网隔后面的泥土"的情况不同，由于泥土粒子细，所以水都以同一速度渗透。但这样还不能说明为什么"运动场上的泥土"不产生霜柱，而"球场网隔后面的泥土"会产生霜柱的问题。

某个小组有了重要的发现。他们说："运动场上的泥土"一直被人踩踏，变得很硬；而"球场网隔后面的泥土"没人踩踏，比较软。依据这种想法，把"运动场上的泥土"样本加压后再做实验时，发现水只渗透了极少一部分。也就是说，"球场网隔后面的泥土"比较软，由于毛细管现象，水的渗透性好，因而具备了产生霜柱的条件。

上课时，片冈先生以"泥土中的水分的渗出方法"为主题进行讲课。很有意思的一点是，学生在实验、观察、相互交谈的过程中所说的话也在变化。一开始时，学生往往用"水的渗出方法"这种说法来表达，后来改为用"水向上渗出的方法"来表达了。某个人开始用的"水向上渗出的方法"这种表达方式在上课的最后阶段几乎变成所有学生共用的说法了。

从这里可以看到合作探究的意义。"水向上渗出"这种表达是说明"霜柱的形成"的确切说法。在碰到零度以下大气的地面上水会结晶成冰，这样，由于毛细管现象，地里的水会向上渗出，于是在地面结晶成冰，从而产生霜柱。

与物（对象世界）对话、与他人（同伴）对话、与自己对话，并在此过程中进行的学习，就像上述的学习那样，是在以实验和观察为媒介的合作探究过程中进行的。

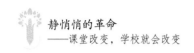
十六、校本课程建设

　　具体地说，课程建设是通过校内教师协同推进实践性研究而完成的。课程建设并不是制订教学计划，而是在校内交流和共享那些在教室里每天都在进行的创造性学习的活动。校内教学实践的经验交流和积累是创建作为"学习履历"的课程的具体过程。然而，尽管哪个学校都在进行校内教研活动，但能得出课程建设成果来的学校却很少。这是为什么呢？

　　哪个学校都在进行校内教研活动，但大多数都流于形式。首先，所说的话都很抽象，不能表现出学生学习的具体状况和实践者的愿望、发现或困惑等具体情感，这样的研讨是太多了。一言以蔽之，空话连篇、毫无趣味。

　　例如，为什么要去印刷那些小册子、印刷品呢？本来不需要事先准备任何东西，可以不印刷任何东西的，而只要追求教室中所创造出来的学习状况就够了，其他的都不必去追求。教学研究中最重要的一点在于，对所参观的课堂的实际情况进行生动活泼的交流，相互分享这堂课中有趣的和困难的地方。对创造性实践或研究来说，最为必要的一点是，共享课堂上出现的丰富多彩的事情、现象的那种热情和富有朝气的精神。

　　在学校里推进课程建设的最必要的条件，是校内所有的教师每年至少有一次在教室进行公开教学，向其他教师开放课堂，以进行教学研究。现在，各个学校一般每年进行三次左右的教研活动，只进行这么少的教学研究就改变学校的例子还没看到过。

在校内教师都无一例外地每年上一次以上的公开课，并相互交流、评价实践经验的学校中，都在认真地、切实地改革教学，并通过教师的协同合作，进行课程建设。可以说，除了这种稳妥的、脚踏实地的做法以外，还没有其他的能有效地进行课程建设的方法。课程建设就是所有教师都进行公开教学、相互交流、相互评价学习经验的创造性的、合作的活动过程。

一要求校内所有教师相互公开教学并相互评价时，很多教师都会说"没有那么多时间"、"这么忙，免了吧"。

然而，实际情况完全相反。与我有联系的学校尽管每年都几乎要进行五十次以上的教研活动，但是这些教师们却都比其他学校的教师有更多的时间投入实践，也能很快地结束工作回家。同事之间的关系愉快融洽，因为大家都埋头进行学习的创造，所以，每位教师都性格温和、各有个性。他们已经从那种毫无意义的工作中解放出来了。

课程建设所需要的不是僵化的头脑，而是充满活力的躯体，是和同事们合作、亲手共建的快乐感。通过与同事的研讨，在一个个教室里，课程诞生了！这些共同建设的课程都是合作的结晶，它们一定会使学校和教室的面貌焕然一新。

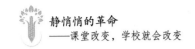
十七、从综合学习到课程的创造

下面介绍一个中学的实例。这是新潟县长冈市南中学的实践。他们在争取地区与学校合作的同时，逐步从综合学习向创造课程的方向发展。这个学校从1998年9月起，以创造"学为中心的课程"为突破口，开始了调查地区历史并用演戏等形式来表现的综合学习。

成为契机的是平泽校长上任不久开始的与学生的"对话会"。这个学校中不来上课的学生很多，尽管和一般的中学一样，该校的教师也在热情地指导学生开展活动，但上课时仍有很多学生沉默不语，还曾发生过不良行为和暴力事件。每月召开的校长与学生的"对话会"让那些一直沉默不语的学生发出了声音，这向教师们显示了通过"对话"能改变教学的前景。

综合学习是进行三个对话——"与主题对话"、"与地区人们或教室里的同伴对话"、"与自己对话"的实践学习，即是实现"与题材对话"、"与同伴对话"、"与自己对话"这种学习的突破口。长冈市有一段因为两次战争（戊辰战争和太平洋战争）而化为焦土的历史。学生们和生活在该地区的人们接触与交往，开展调查并相互交谈战争以及战后的复兴史，并将这一切表现出来的活动，在一个个的班级里推广开来。

这一综合学习的实践不久也吸引家长和市民参加进来，从而形成一种称为"参与学习"的方式，这是一种通过"与题材对话"、"与同伴对话"、"与自己对话"而进行的学习的创造,是教师和家长携起手来一起改革教学的方式,该方式不仅在综合学习领域运用,而且已渗透到通常的学科教学中去了。

该校的教师们在教学中都力求创造一种"相互倾听"的关系,这让过去从不发言的一些学生也逐渐开始能与其他同学交流思想了。逐渐地,学生们能够相互接纳彼此的小错误,他们的想法也相互碰撞起来。记录在这一过程中一位学生成长过程的作文获得了文部大臣奖,后来以该校为背景拍摄了一部电影,该校学生还在电影中扮演了角色。

从以地区历史为主题的综合学习出发的南中课程建设,在第二年里,让学科学习实现了"调查、思考、表现"方法的改革,取得了成果。教师们为了通过"相互倾听·对话"的方式,创造一种能实现相互学习的教学,在同事之间开放了教室,相互评价教学,交流并积累了实践经验。接着,在2000年2月,该校举办了一次公开研讨会,向全县教师展示了努力创造对话式学习的综合学习实践和学科学习实践。

不管访问哪个教室,都可以看到学生们在愉快地、真诚地互相学习。到3月月底,不来上学的学生已从两年前的30多名急剧减少到3名了,学生的学力也上升到全市的前面几位。随着改革逐渐取得成果,教师和家长协同创造的"参与学习"活动也搞得越来越好,参加的家长和市民人数也越来越多了。

从综合学习向创造课程发展的南中做法,是在中学里建构"学习共同体"的出色改革实例。

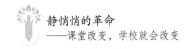

十八、向学习共同体的学校发展

把学校变成学习共同体的改革正在深入进行中。所谓学习共同体的学校，是指在这样的学校里不仅学生们相互学习、成长，作为教育专家的教师也相互学习、提高，家长和市民也参加学习、共同发展。这里介绍一个有代表性的学习共同体学校——神奈川县茅崎市浜之乡小学（大濑敏昭校长），以展示面向21世纪学校的发展方针。

卓有成效地设计学习、创造课程的工作，是教师们共同合作的事业。在浜之乡小学里，各班级都在合力推进创造活动的、合作的、反思的学习实践。与此同时，通过相互交流与共享教育实践，构筑起一种教师作为教育专家的、自律的、共同成长的"合作性同事"关系，并以此作为改革的中心支柱。学习的创造和课程的创造都是以"合作性同事"关系的构建为中轴而推进的。

推动"合作性同事"关系构建的最好方法是教师之间相互公开教学、相互批评，对教学案例进行研究。该校为了把教学案例的研究作为教师的中心工作之一，进行了大胆的组织和机构改革。

浜之乡小学是一个规模较大的学校，但该校除了每月两次教工会议和每周一次的年级会议以外，再没有其他任何会议了。这是因为大濑校长的妙策是"一人一职"，结构体系把各部门和委员会的会议全部取消了。通过这样的机构改革，教师们从烦琐的会议和杂务中解放出来，能将接近80%的工作时间投入授课、备课、教材研究及校内教研活动中去。

教学案例研究通过每月进行的校内教研活动、每周进行的年级研讨会，以及课题研究会或学科组研讨会等，而得以积累起来。该校是成立才两年的学校，但两年来共进行了百次以上的教学案例研究。这两年的研讨中心是，在教室里建立相互倾听的关系、把教师和家长合作授课的"参与学习"方式固定下来等。学校还计划从明年开始，在学科学习和综合学习两个方面，都同时让"学为中心"的课程创造活动开展起来。

创造课程需要教师们协同进行工作。在浜之乡小学，把教室里的学习创造和作为校内研讨而进行的教学案例研究，都视为创造课程的具体过程。在该校，课程是"学习的履历"，是通过每天的实践与研讨而到年度末开花结果的东西。因此，浜之乡小学所创造的课程是学生学习经验的轨迹，同时也是在相互学习的过程中建立起来的学生（人）与学生（人）之间的交往的轨迹，是以"合作性同事"关系为基础而建立起来的教师学习的轨迹。这种学习、教学和研究一体化的创造性做法架起了通向未来学校的桥梁。

第四章

学校改革的挑战

——中小学的实践

一、培育相互学习、共同成长的关系

★ 郡山市金透小学

金透小学是郡山市市内具有古老传统的一所小学，也是一所一直在探求具有前瞻性实践的学校。我开始参加该校的研讨会是在4年前，当时是受到在郡山女子大学工作的庄司康生先生之邀。确定在30年前就自主地搞公开课的实验学校在全国各地有很多，这些学校展示了独自的教学风格、开发了教材，在各地发挥了创造性教学和学校改革的主导作用。然而在今天，作为教师们相互合作、共同成长的中心，自主地举办公开课的学校已很少了。在这30年间，各地的实验学校多半已销声匿迹。今天的学校最深刻的危机在于失去了教师自身作为专家的相互合作、共同成长的据点。

郡山市金透小学是30多年来一直持续举办公开课的少数几个学校之一。如果没有历任校长和教师的坚毅信念和对教学改革的热情，没有20多年来一直支持着该校研究的郡山女子大学原教育哲学教授、德国Frank研究所研究员长谷川先生不懈的批评精神和继承长谷川先生工作的庄司先生的努力，该校的公开研讨会是不可能持续下来的。

我和川田校长、宫前校长及教研主任菅野先生一直都在推进学校的"学习共同体"的建设。为了让相互学习、共同成长的关系在教室里产生出来，必须准备建立一种联系，即必须尊重每个学生作为独立个体的自立，尊重学生在活动的、合作的、反思的学习中所表现出来的个体成长的轨迹，尊重每个学生的个体差异，同时在与学生的互动中去影响每个学生个体成长的轨迹，使学生健康地发展。教师要凭借着对学生深刻的洞察能力去完成这一工作。我曾用"量体裁衣（培养＝应对每个个体）"和"交响乐演奏（相互影响＝个体与个体的交融）"这二个主轴来描述教师的工作。金透小学的教师在所有的课程教学中都把"量体裁衣"和"交响乐演奏"具体化了，在每次公开研讨会中都展示出了学生和教师相互学习的姿态。

例如，在教研主任菅野先生上课时，他先通过观察和实验，让每个学生产生小小的疑问（question），然后通过小组商量来形成教室全体成员应探究的问题（problem），再通过参加者交流想法和提案，找到解决问题的方法，并引出新的观察和实验，从而向多种多样的解释和更深的探究方向发展。其合作探究的过程是自然而然地进行的，开拓了符合理科教育目的的进行科学探究的捷径。这样，就在教室中形成了不断地追求科学方法的"探究的共同体"。

我曾把记录菅野先生教学的一段录像带介绍给了NHK教育电视台特别节目组。尽管只有10分钟左右的录像，但播映后观众的反响很大。这些反响都表现出对学生和教师共同探究的自然姿态的深刻印象和深深的感动。而正是菅野先生在"量体裁衣"和"交响乐演奏"方面的出色工作，构成了这种共同探究、相互学习关系的基础。教师和学生有着相同的追求，教师细心地感受、听取每个学生的发言，促进并支持他们相互间共同探究。菅野先生的应对能力是十分出众的，除此之外，他还说："重要的是自己要非常喜欢探究科学问题。"

不仅是菅野先生，该校其他教师都用"量体裁衣"和"交响乐演奏"这两个策略，产生了关系融洽的教室环境，让在教室里的每个学生都能独立自主地思考，都能通过个体与个体的交融，使各自微妙的差异发生相互影响。

产生这一切的秘诀在于，在校内的教研活动时，教师们都能具体地谈论教室里所发生的种种事情，而不像一般的教学研究会那样，往往用抽象的或概括的语言来谈论。由此可见，基于观察到的事实去彻底地了解学生的面貌，进行具体的交流，是非常重要的。如果在校内研讨时都用抽象的语言泛泛而谈的话，教学就会变得僵化，学生就会渐渐失去新鲜感。为了使授课恢复其生动性，需要教师以生动活泼的语言多讲实践性的内容。可以说，30年来金透小学每月进行的校内教研活动勾画了其教育实践的改革不断深化的奋斗轨迹。

金透小学的教育改革一直得到了所在地区人们的支持，每年的公开研讨会都是教师和家长协同努力举办的。地处市区中心的该校学生数在急剧地减少，但即使在今后，该校也不会失去其在地区教育和文化上的中心作用，其象征是作为学校课外活动的交响乐队演奏。由于学校规模较小，四年级以上的近半数学生参加了交响乐队，全体成员从第一年起就要登场演出。即使这样，该校仍在日本东北大会上多次获得了最佳奖。去年研究会上演奏的曲子是罗西尼的"赛维利亚的理发师"，演奏得比大人还好。该校曾培养出作曲家汤浅让治先生，其重视交响乐队的传统做法

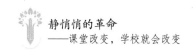

至今仍在延续。学区内的家长和市民在放学后对交响乐队进行指导，把这个交响乐队作为地区的文化财产而保留下来并加以培养。总之，该校确已成为与地区相互呼应的学习中心。

参加金透小学的公开研讨会是每年的乐事之一。他们的公开研讨会告诉我们，学校的改革绝不是一朝一夕能实现的。学校的改革需要地区和学校双方都共同具有创造文化的传统，而且这一改革本身就是继承这种创造文化的传统并开拓未来的伟大事业。

二、向学校的未来挑战

★ 小千谷市小千谷小学

开放式教室

每次去小千谷小学访问总感到非常高兴，收获很大。初次跨进该校大门是在1995年。自那以后，我深深地感到，与其说是在访问一所学校，倒不如说是在面对每天一次又一次的挑战，在思索日本学校的未来。130年前，该校创办者山本比侣伎先生就是在这里关怀学习、成长的学生，同时眺望日本学校的未来。他的坚韧不拔、始终不渝的精神大概一直延续到今天了吧。小千谷小学每天都在迎接新的挑战，即使是一年只来访问几次的我也确确实实地看到他们从"昨天"到"今天"，从"今天"到"明天"，不断地在开拓学校的未来。我从参观该校中体验到极大的欢乐，归途中所看到的信农川（地名）的晚霞总是那么灿烂而美丽。

学校是一个个学生相互学习、共同成长的地方，"公立"学校是"我的学校"，同时也是"大家的学校"。每次访问小千谷小学时，我总是感到，要在学校生活中实现这一理所当然的事需要学生、教师、家长、教育委员会、市民的真心诚意的共同参与。如果学校失去了这些热心于教育和学习的人们，那么，它即使能够招收和训练学生，也只不过是一个不能发挥任何创造能力的机构而已。

一进小千谷小学，迎面扑来的是学生的声音："欢迎到我的学校来！"听到学生喊："请来我们的教室啊！"真是比什么都高兴。学生的心情是真诚的、坦率的。在十分重视学生生动活泼地生活的学校里，每一个人都能用自己的语言坦率地表达自己的喜怒哀乐。和平泽校长一起访问、参观教室的时间对我来说是非常珍贵的，看到平泽校长和蔼可亲地和走廊里遇到的学生说话，我仿佛听到了那一个个学生的呼吸声，亲眼目睹的这些情景在给我讲述这所学校的一切。

小千谷小学的教育是通过悠久的历史和无数人的努力才得以开创起来的。每次出席一年一度的"谈谈小千谷小学座谈会"并听到前任的校长、教师、地区人们以及毕业生的讲话时，都深深感到学校绝不是一朝一夕就能建设和发展起来的，它需要一个漫长的过程；同时，也深深认识到学校的传统风格是非常重要的，这一传统，简而言之，就是"开放教室、开放学校"的做法。我想，今天学生的欢笑应归功于那些开放教室、开放学校的前辈们和小千谷小学的优良传统。

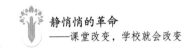

向"校外人士参与学习"挑战

学校的变化只能从其内部开始发生。为了能让学校从内部发生变化，首先必须让学校和教室向地区、家长、市民开放。为了能向地区开放，能与家长、市民协同合作，学校必须从内部做好准备，即学校的校长能够向以学生的学习为中心的教学挑战，同时，只有在这样的校长的指导下，全校的教师们才能够协同一致地工作。

这一原则经过长时间的努力终于作为日本教育改革的基本点被确定下来了，中央教育审议会明确地把"学校和地区、家庭的合作"定为21世纪日本学校建设的基本方向。今后对有关教育改革的方向性的审议，将会遵循给予各地教育委员会和学校以自由和自律的方向。

在全日本，首先沿着这个方向进行开拓性实践的，应数小千谷小学向"校外人士参与学习"的挑战了。这一改革的起因源自一次小小的尝试。当我最初访问这一学校时，在"残疾学生班"上，试行着让家长参与上课的方式。学校很重视"残疾学生班"，将其放在了重要的位置上。在这个教室里，相互关心、相互帮助、相互成长的精神得到了充分的重视。这一"参与学习"的实践起始于"残疾学生班"也是很有意思的，我对这种家长作为教师的助手而参与授课的试点感受很深。我曾对校长说过："就我的所见所闻，这类试点在美国的学校中是较为普遍的，近年来在世界各地的学校改革中也是一大潮流。"

在这之前，我曾在多个学校推荐过这种与家长一起创造课程的做法。一般来说，有两种实施方式：一种是设定两课时的观摩教学时间，让家长到自己孩子所在的教室去观摩教学，然后再到其他自己想看的教室去参观，最后家长与教师一起交流教育的状况；另一种是请家长做嘉宾到教室来上课。自提倡与家长一起创造课程以来，这两种方式在日本的很多学校中都已经被采用，从而建立了教师与家长共同合作的创造学校教育的关系。但是，小千谷小学所挑战的"参与学习"方式（即家长作为教师的助手而参加教学的方式），不管怎么提倡，还是没有被其他学校采用过。

要实现"参与学习"有两个障碍。一是教师方面的障碍，因为如果教师自己没有自信心、得不到家长信任的话，开放教室这件事是实现不了的。二是家长方面的障碍，如果他们抱着以自己孩子为中心的思想的话，参与学校教育也是不可能的。因为在对学校进行批判或抱怨时，如果他们不是站在认为自己也有责任的立场上的话，是不可能去参与学校教育的。"参与学习"需要把学校作为"我的学校"、"大家的学校"来认识，这不论是对教师还是对家长，都是一种挑战。

但是，平泽校长和该校的教职员以及家长委员会的人们，都越过了这两大障碍，实践了"参与学习"的方式。他们的这一挑战现已通过媒体在日本全国得到了广泛宣传，而且还要到国会去做介绍。它作为面向21世纪的学校改革的典范，正在唤起很多人的关注。

向相互学习的共同体推进

当"参与学习"的挑战在所有的教室开始时，平泽校长曾对我说："想在这个具有日本古老传统的公立学校里向日本最新的教育挑战。"我感到他的话是小千谷小学130年历史与今天的现实相衔接的最确切的语言。所谓"传统"，就是在不断的新的挑战中被继承下来的东西。

小千谷小学创立于明治元年，是日本最早的公立学校。校长室的资料柜里还保存着以山本比侣伎为首而创设的"小千谷学校·振德馆"的史料。根据这一史料编写的《小千谷小学校史》（东峰书店1977年）是第一流的校史。日本学校的创建就是在与地区的人们相互学习的基础上实现的。这样的传统是很了不起的。第一，教育的"公共圈"不是通过行政命令建立的，而是通过地区人们的自主努力来实现的，学校是用来培育地区社会未来主人翁的；第二，"小学"这一名称一开始就被使用，这种学校是为了实施普通教育的；第三，以"天性真诚"为教育原理的山本比侣伎的思想（"重在慎重与宽容"）实现了不急不躁地关心帮助学生，激发他们潜力的教育方法；第四，教学内容有汉学、国学、神道、数学、手工等，远比后来朝"洋学"一边倒的"学制"下的学校更丰富，等等。这些早期的极其先驱性的挑战形成了小千谷小学传统的源头。

21世纪的学校是"学习共同体"的学校。在作为"学习共同体"的学校里，不仅学生之间相互学习、成长，而且为了促使学生相互学习，教师也必须要相互学习和提高，教育行政人员、家长、市民等也都要相互学习和提高。可以说，小千谷小学的挑战是切切实实地迈出了走向"学习共同体"的第一步。如果去教室访问的话，一定会看到学生在相互切磋、相互影响，会看到促进、帮助这种学习的教师和家长。而且，在教师相互切磋、交流各自的观点和教学方法时，家长往往也一起参加。此外，该校为了实现其自主性和创造性，在与教育委员会反复协商后，配置了学校事务及教育行政人员。在这样的"新挑战"中，具有130年历史的学校传统一直在继续地发扬光大着。

我曾荣幸地参加了该校创立130周年的纪念活动，而且还参与了《学校的诞生》这一剧本的编写，并为其主题曲，也是准校歌的两个曲子（《献给您》和《走向明天》）填词。作曲者中有德高望重的三善晃先生（原桐朋学园大学校长），我感到无上光荣、万分荣幸。其主题曲之一《献给您》中的"您"，当然是指小千谷小学的创始者山本比侣伎先生，同时也指今天聚集在小千谷小学的每一个"您"，也是对未来将要到小千谷小学的"您"的召唤。小千谷小学正在《献给您》和《走向明天》的歌声中谱写着新的历史篇章。

三、迈向相互探究、创造、表现的共同体

★ 福井大学附中

发掘可能性的教育实践

福井大学附中的实践和研究正在为创建21世纪我国的中学做准备。可作为如此断言的根据有三点：第一，该校以中学生的学

习为中心设置课程和组织教学，并根据学习交流和共同性发展的情况而动态地展开；第二，为了实现这种学习，教师们打破了学科与教室的界限，创造了新的教学方式，并共同构建相互学习的合作关系；第三，这一实践的创造和研究是以和大学研究者的密切合作为基础而开展的。该校在进行按"学年计划（project）"的综合学习和以"主题·探究·表现"为构成单元的学科学习时，一直在推进着这一划时代的实践。

如果与初中教育陷入困境的现实相对照，该校挑战的意义就更明显了。对中学教育所暴露出来的学生的尖锐问题早在20年前发生校内暴力事件时就开始提出了。之后，通过教师们的努力，采取了各种措施，使校内暴力事件在几年内暂时趋于平静。然而，后来的中学生状况却越来越严重，直至今日，诸如消极、麻木、厌学、欺负弱小、旷课、少年犯罪等现象还在不断增多，而对这些问题所采取的对策反使事态更趋复杂化。在这20年中，中学教师和教育行政人员是通过生活指导、课外兴趣活动指导和前途指导这三方面的"指导"来处理上述难题的。然而，越是推行这三个"指导"，本应是学校教育核心问题的"学习"和"教学"就越是空洞化。以三个"指导"为中心的学校还是学校应有的本来面貌吗？通过三个"指导"来解决问题本身是否已走到极限了呢？

福井大学附中的实践是对日本全国中学陷入困境的现实的果敢挑战。中学该是个什么样的地方？中学教育应以什么为中心进行组织？名副其实的中学生学习应是什么样的学习？还有，为了建成名副其实的中学、实现与中学生相称的学习，教师应该做些什么？等等，在对这一系列的问题进行认真的、脚踏实地的探索时，就产生了涉及学生的生活方式和地区未来的综合学习，产生了在学科学习领域中可相互探究、创造、表现的学习，产生了作为教育专家的教师的共同成长、合作研究，产生了和以大学研究人员为首的其他专家的合作研究。

"学年方案"的制订、组织

在实践中一以贯之的主题是学习的探究。在学习的探究中，成为其中心推动力的是"学年方案"中一系列的综合学习实践。该校如果没有从1997年就开始的以综合学习为中轴的持续实践的话，其以学习为中心的课程建设或教学改革就不可能实现。早在教育课程审议会确定"综合学习课程"之前，福井大学附中就在持续地开展综合学习实践了，它们把改革的焦点指向了包括综合学习和学科学习在内的整个课程。

学习的改革在综合学习中能得到最具体的体现。日本全国学校中的学习至今还存在三大弊端。一是把学习当"坐"学来组织的，认为学习只需要脑神经细胞的活动，而不需要借助任何媒介就可完成，在认识上和实践上都把学习与物、与人、与工具等媒介分离开来。二是一直把学习看作是仅由个体单独完成的行为。直到今天，在以"自己解决"、"自学学习"为理想的学习的倾向中，这种认识还在继续被强化。但是，学习与"勉强"是不同的，必须充分认识到，学习是需要通过和他人的交流才能实现的，它必须要通过社会性的、合作的共同体的活动来进行。三是没有认识到学习是在表现学习、与同伴共享学习的过程中，对其

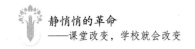

不断进行反思的一种活动。日本全国学校的学习只重视"获得"这一方面，即学得规定的知识和技能，而一直轻视"表现"、"共享"、"反思"等方面。

福井大学附中的综合学习正在出色地解决着上述三个弊端。在探索福井的未来、神户的复兴等综合学习案例中可以看到，中学生们从准备阶段起，经过调查和讨论阶段，到最终创作出音乐剧，进入表现、发表阶段，要接触到很多的人和事，要多次地与班上的、年级的其他同学协商，要产生和发展自己对主题和对象的关心、思考和感情，还要不断地反思、推敲这些关心、思考和感情，并把自己的发现和认识作为共同的作品加以表现。在这样的综合学习实践中，体现着迄今为止学校中所缺少的"接触"、"对话"、"合作"和"表现"等。

为什么综合学习中的"学习的创造"会起到改革整个学校学习的核心作用呢？其理由有以下两点。一是因为与从单元到单元的学科学习不同，在综合学习中可以对连续的、贯穿始终的主题进行持续的探究。在福井大学附中的综合学习中，这种持续性和一贯性在转变中学生的学习观念上具有决定性的意义。该校的综合学习按"学年计划"加以组织，以一个学年为基本单位来开展活动，同时顾及3年期间的连续性和发展性。

"勉强"是不断地以结束为标志来划分、区别学校中学习的进程的，而"学习"却是不断地准备新的开始，如"没有终结的故事"一样。当然，按照典型性和集约性的要求，学校中的学习需要划分为若干单位或段落，但是该校的综合学习的开展表明，在学校中也完全可能开展持续而不间断的、不断深入发展的学习。

对持续的、相互联系的、具有一贯性的学习的追求，使中学生自己自主地、合作地进行探究、创造、表现的教学和课程有了实现的可能。同时，实践了这种综合学习的教师们也认识到，有必要让通常的学科学习也像综合学习一样，通过"探究"、"创造"和"表现"来构成，并切实地看到了这种可能性和前景。

综合学习能对整个学校的改革发生影响的另一个理由在于"学年方案"中教师的组织。综合学习实践打破了学科与教室之间的壁垒，实现了教师的合作和共同研究，这一意义非常巨大。不管哪个中学，教师一般都是以学科为单位组织起来的。而这一学科的界限、教室的隔阂成了学校进行内部改革的最大障碍。在一般的中学中，教师没有能够既作为学科的"专家"，课外活动指导、生活指导和前途指导的"专家"，同时还作为对每个学生的所有学习负责的教育专家来完成自己的工作，其工作被割裂而变得分散、零碎，从而使教师工作的专业性日益淡化。

福井大学附中在"学年方案"实施中，在进行综合学习实践和课程建设时，产生了在学生的整体性学习基础上的教师合作工作的形式，实现了教师的跨学科合作。围绕这样的"学年方案"的组织，对教师工作进行重新构建的尝试，可以说为探索未来的中学形象积累了宝贵的经验。

学科学习的改革

综合学习中的"学习的创造"和日常学科学习的改革相结合，

能够导致学校教育朝着整体改革的方向发展。应该认识到，附中的综合学习实践是作为包括学科学习在内的所有学习的改革的尝试。贯串该校实践的"探究·创造·表现"三个关键词也是学科学习改革的关键词。

学科学习的改革是把过去根据"效率性"原理而产生的"目标·完成·评价"型（阶梯型）课程改革成"主题·经验·表现"型（登山型）的课程。为了使学科的本质鲜明化，在各学科的学习中，应努力提示该学科的中心概念，围绕学科的中心内容来开发单元，持续地开展实践性的研究。同时也希望注意到，即使在以综合学习实践为中心时，对学科学习的改革也必须投入很大的精力，以尽力推动日常学科学习的改革。

在学科学习的改革中，设定了明确表示该学科学习的社会意义的主题。这些主题有"面向国际化、信息化"（英语、技术），"发展生活能力"（保健体育、家政科），"提高感性、表达能力"（国语、音乐、美术），"开拓探究性、合作性学习"（社会、数学、理科），等等。这些主题不仅铺垫了各学科中的学习"网络"，而且强调了跨学科的教材之间的相互结合，促进了跨学科的学习和教师的共同研究。这样，福井大学附中对学科学习的改革成为了创造以学习为中心的课程的挑战，也成为了将"探究·创造·表现"的交流性学习和学习网络扩展到所有学习中去的改革的一环。

教师集体的合作研究

最后，想谈谈使如此值得惊叹的实践和课程成为可能的两个条件。其一，不言而喻的是该校教师集体的持续的共同研究。不论哪个附属学校，其共同点是大家都"热心地研究"，而福井大学附中的教师集体在"学习的创造"方面更是十分执着而真诚。他们并不是在抽象的理论或道理方面争论不休，而是十分重视琢磨、思考教室中的现实和每个学生的学习。在他们的实践记录本中出现了一个个学生的名字，可以说是其佐证吧。教师本身也是实践的学习者，这比什么都重要。

另一个条件是和福井大学研究人员的合作。从实践方面给予附中以支持的是福井大学的研究人员，他们无论在教育科研的成果方面，还是在和附中教师的合作研究方面，都是非常优秀的研究人员。我本人也曾有机会与他们合作研究了近十年的时间，确信唯有他们才是全国其他大学不可能得到的优秀实践性研究集体。当然，培育了他们的也有附中的学生和教师们。我认为该校的实践给了我们一个启示，那就是中学教师与大学研究者的合作研究是完全可能的。

21世纪的中学教育该是什么样的？福井大学附中的课程及其实践可以说提供了确切而具体的经验和高见。毫无疑问，这一成果绝不是一朝一夕就能获得的。希望大家能注意到该校教师们所强调的"螺旋式学习"。即是说，学习是在不断的螺旋上升的过程中发展的。让我们学习该校的实践，在各自的学校、教室中，和学生一起来创造"螺旋式学习"吧。那种盘旋上升的轨迹就是未来学校的准备。

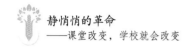
四、由对话创造出的学校文化

★ 长冈市南中学

从沉默到对话

长冈市南中学的挑战告诉我们中学的改革应从什么地方开始为好，这是非常宝贵的经验。

众所周知，旷课、校内暴力、欺负弱小、厌学等今天学校的危机，大部分都发生在初中阶段。关于中学的改革应从何处着手的问题，至今尚不明确。不管哪个中学，那里的老师们都在对不良行为采取措施，努力开展各项活动，如加大生活指导的力度，充实课外活动指导和前途指导，在学校里开展丰富多彩的文化节、体育节活动等。然而，尽管教师们做了很大的努力，但中学里的危机仍是年年在加重，没有得到很好的解决。

长冈市南中学的平泽宪一校长和教师们的实践告诉了我们，中学改革的出发点在哪里。通过两年的努力，长冈市南中学旷课的学生从30多名锐减到3名，这3名学生也每天到校内专设的适应指导教室学习；教师与学生间恢复了推心置腹的信赖关系；每个学生感到了教室中学习的喜悦，学习能力有了很大的提高；建立了与地区人们之间的信赖和合作关系。我曾在1998年6月、1999年10月和2000年2月三次访问了这所学校，并有机会与该校的学生、教师和家长们交谈。的确，不能不惊叹该校在一年多的时间里取得的发展和进步。学校的危机现象大幅度地减少，学生不仅学习能力提高了，而且在学生、教师、家长之间建立了探索教育改革的信赖和合作关系，恢复了学校原本应有的使命，构筑了中学里应有的学校文化。

平泽宪一校长认为，作为学校改革的出发点是对话，即和学生的对话、和教师的对话、和家长的对话。作为教育必要条件的是教师与学生的信赖关系、教师与家长的信赖关系。而对话作为人与人之间信赖关系的基础，是十分重要的。然而，认真思考一下就会发现，虽然学校这样强调对话的重要性，但缺少对话的现象却并不少见。在学校，语言似乎像单向的流水一样，基本上是从教育委员会流向校长，从校长流向教师，从教师流向学生、家长。当然，教师也通过教职工会议等很多会议形式参加学校管理，也鼓励学生在上课时积极发言，在学生集体中也组织了让学生自治管理的学生会，家长们也通过家长委员会与学校积极交换意见。然而，对话绝不是单向的"意见发表"，也不是单纯的"相互提意见"。为什么呢？因为要建立对话的文化而不是"说话"的文化，对话的文化是"倾听"的文化。在"倾听"的文化还不成熟的地方，再怎么强调对话的重要性，大多数人依然会保持沉默。

从倾听出发

平泽校长首先开始做的事是利用每月一到两次的全校晨会，召开和学生的"对话集会"。虽说是"对话"，但不是"对谈"，平泽校长的目的是想让学生开口讲话。这种"对话集会"最初是以会见在文化活动或体育活动中受到表彰的学生的形式开始的，之后发展到以"学习的意义"、"自由与纪律"、"诚实与谎言"之类学生们平时感到困惑的、经常考虑的问题为中心，进行相互交谈，从中引导学生自己去思索。

这一"对话集会"所追求的不是一般"讨论集会"所追求的"意见"交流，而是更为朴实的、深深扎根于每个学生内心的"声音"，是像饭粒那样一直充填在心灵深处而难以言表的一个个学生的"心声"。我想，能帮助学生把潜藏在沉默背后的声音变成具有形式和意志的语言，正是平泽校长开始"对话集会"的真意。正因为此，才会产生高桥一君《梅雨期过去了》（获文部大臣奖，改编成电影《老实不好吗？》）那样的作文。这部电影中的台词——"每个人都不同、每个人都是好的"正体现了"对话集会"的精神——主张相互尊重每个人内心的声音。

"对话集会"的实践虽说是一个小举措，但在现今中学里这样的举措非常少见总不能说是件好事吧。对话是把潜藏在沉默背后的声音编织成语言的合作性行为。中学是一个很大的组织，通常都有30名以上的教师在执教，有400名以上的学生在学习，还有300位以上的家长。其中，究竟有多少人在学校的运营管理中主动地表达过自己的声音呢？虽然在学校里交换着各种各样的话语，相互交流着各种各样的意见，但这些意见或话语要么是迎合某人的意见，要么是附和当时的潮流或惯例。难道不是这样吗？即便是教师之间的相互倾听也做得很不够，学生的声音、家长的声音几乎更是没有发出来，基本处在沉默的状态，这是现实的情况。在"倾听"文化还不成熟的地方，是没法倾听那种每个人的尚未成为明确的语言的声音的。由于沉默背后的声音不会发出来，所以结果就只能是一直保持沉默，而始终不能变成语言。

　　学校的改革从对话（相互倾听）出发，这种对话是要把沉默后面蕴藏的声音转化为语言。使迄今为止在办公室里一直不说话的某位教师开口说话、使在教室里一直不说话的某位学生开口说话、使在教师和家长联席会上一直不说话的某位家长开口说话，这就是学校从内部进行改革的出发点。平泽校长已经开始的"对话集会"正是为开始这一实践做准备。

表现的追求

　　对话（相互倾听）是学习的核心问题。所谓学习，就是与教育内容的题材（主题）的对话，是与教室中的教师、与组成各种各样的形象或意义的同伴的对话，是与自己自身的对话。以"对话集会"为契机所创造的长冈南中的对话（相互倾听）文化，使平时的课堂教学中也建立了对话的关系。对教室中的"学习的创造"起到先导作用的是综合学习的实施。

　　长冈南中位于旧长冈藩（译者注：指日本江户时代的诸侯领地）官府鳞次栉比的地区。幕府末期长冈市被戊辰战争战火烧毁了大半个街道，在其废墟上创建了寄希望于明天的"国汉学校"，这一历史在山本有三的"米百表"戏曲中有所反映，是很有名的。长冈南中的学生们调查了"米百表"中的主人公小林虎三郎的一生，决定用演剧来表现这一故事。这是与地区历史的对话、与地区人们的对话、与教室中的同伴的对话、与自己生活方式的对话的一次实践。

随着学校学习指导要领的修改，全国各中小学、高中的综合学习的实践都深受众人关注。然而，其多数综合学习往往集中于环境、福利等有限的几个主题上。长冈南中的综合学习则把当地的历史与自身的生活方式结合起来，并用演剧这一形式加以表现。它们认为，从今天中学生的现状出发，用身体和语言来进行表现的活动是很重要的。

以表现为中心的学习的一个重要活动是在每年秋天借用市立剧场举办"艺术才能展示会"，面向全校学生、家长及市民举行公演。在1999年的"艺术才能表演会"上，除三年级学生公演的创作剧"米百表"外，还举办了各年级参加的全校歌咏合唱比赛，家长组成合唱团也参加了活动。在"艺术才能表演会"上还举行了以对话为基础的学习庆祝活动。可以说，通过对话，大家相互学习、相互影响，从而使蕴藏于学校各个角落的每一个人的声音都发出来，在此基础上诞生了雄壮的演剧和合唱。

和地区一起共创学校

长冈南中的建校工作，不仅依靠教师和学生来推进，还同时依靠家长们"参与学习"来推进。所谓"参与学习"，并不是像以往"参观上课"那样，家长只是"旁观"一下教师的上课情况，而是指家长直接"参加"到教学中去。家长和学生一起学习，和教师一起参与创造课程的工作。这种"参与学习"方式是平泽校长在过去担任小千谷小学校长时创造的一种方式，现在它作为"向地区开放的建校方式"的有效方法正在日本全国小学中普及。然而，目前在中学里却只有一部分学校在推行。长冈南中向"参与学习"挑战表明它们是改革的先锋。

"参与学习"实践是一个挑战，它要求重新组建学校，使之作为"学习的共同体"。作为"学习的共同体"的学校不仅仅是学生互相学习成长的地方，也是教师们互相学习成长的地方，还是家长和市民们互相学习成长的地方。如果要把21世纪的学校作为地区文化和教育的中心来构想的话，就必须把学校作为"学习共同体"来重新建构。长冈南中的实践告诉我们：学生、教师、家长和市民都对未来寄托着希望，大家一起合作，在当地创建相互学习的学校的"参与学习"实践在中学也是能实现的。

该校家长和市民对建校工作的协助并不只局限在"参与学习"上，还涉及破旧校舍的拆除、武道馆的改建，以及旷课问题、学力问题、综合学习和文化活动、学校设施、课程等诸多方面。对话（相互倾听）文化使蕴藏在地区中的声音变成语言，并作为具体的要求付诸实现，这是很了不起的。

从长冈南中两年来的实践来看，今天中学中存在的复杂问题并不是不能解决的。众所周知，中学生处于感情丰富、易受伤害的年龄阶段，中学时代是学生向成人发展的最危险、最困难的时期，这是个谁都可能受到伤害、遭受挫折和烦恼、感到苦闷的时期。然而，正因如此，在中学生中才潜藏许多的可能性，这一时期才成为与今后人生观的形成关系密切的时期。对这些中学生来说，他们所需要的是，能表现每个人个性的自由关系和能接受并激励他们表现的大人（教师、家长、市民）的存在。

长冈南中的实践记录是学生学习的轨迹，同时也是支持每一

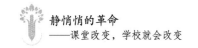
个学生学习和成长的教师和家长的实践记录。该校的挑战不仅揭示了中学教育实践前进的方向，而且通过学生成长的事实，也具体地揭示了今天的中学生究竟对成人提出了什么样的要求。

五、"学习共同体"的实验学校

★ 茅崎市滨之乡小学

第一步

1992年2月4日，在茅崎市滨之乡小学举行了第一次的公开研讨会。滨之乡小学是1991年4月新开办的小学。这是一次在开办仅10个月的学校里举办的公开研讨会，这一小型研讨会尽管仅以市内教师为对象，但还是有300多名从全国各地慕名而来的教师参加。

上午的两课时是教师和家长共同组织授课的公开的"参与学习"，每一个教室里都洋溢着参加并帮助学生分组活动的家长们和参观的教师们的浓浓热情。大家的目光都投注于那些相互学习着的学生。

滨之乡小学是为了把茅崎市内的学校改变为"学习共同体"而创建的实验学校。

1997年，茅崎市教育委员会决定了学校改革的方针，由教育委员会指导科全体成员对我所撰写的《课程的批评——重新构建公共性》（世织书房1996年）一书，多次组织了读书会。该书中提出的"学习共同体"的改革理念被市长的咨询机构"教育推进协议会"采纳并作为提案提出，而且在市议会上还通过了把新建的滨之乡小学作为"学习共同体"实验学校的决议。

1997年7月，我接受了该市教育委员会的委托，对学校的实验给予协助。教育委员会成员对我书中所写的细节都做了认真的研究和讨论，他们这种热情令我深感惶恐。与此同时，我也兴奋地期待着实验学校能在全市推进以"学习共同体"为标志的学校改革。

走向"学习共同体"的改革意味着一场深刻的变革，它不仅要把学校建成学生相互学习成长的地方，而且也要成为作为教育专家的教师们相互学习成长的地方，成为家长和市民参与学校教育、相互学习成长的地方。

为实现这一变革，需要在教室中组织活动的、合作的、反思的学习，在教师之间建立相互开放教室、共同创造教学的合作性同事的关系，确立校长的指导性，谋求学校工作的民主化，重新把学校建成一个能使每位教师既独立自主又协同合作的组织。同时，还必须进一步发展学校在与家长、市民联合的基础上的自律性。此外，与教育行政之间的关系也必须要民主化。

迄今为止，我去过的很多学校都一直在向实现"学习共同体"的目标挑战。然而，其中多数学校仅停留于教学改革、校内研讨和课程改革，停留于家长、市民的"参与学习"或和学校组织、教育行政建立民主化的关系，而没能对学校整体做结构性的改革。

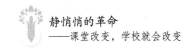
滨之乡小学终于得到了挑战的机会，因为它被作为全市学校改革的实验学校了。这是一个梦一般的计划。自参加开校典礼以来，我通过参加以大濑敏昭校长为首的教师们每月举行的研讨会，自然也就参加到"学习共同体"的创建中。

相互呼应的公共圈

公开研讨会那天的午休时间里，滨之乡小学全校670名学生进行了校歌合唱表演。从建校初起，把原来两所学校的学生集中在一起的活动就是合唱，歌声总是能把学生聚合在一起的。

其中，校歌《风之曲》的合唱是压轴戏。在演唱了第一段、第二段后，进入第三段时，好多人的歌声叠合在一起，构成了一支大合唱。

蓝蓝的天空（天空、天空、天空）

遥远的海洋（海洋、海洋、海洋）

希望的光辉，照耀身影

悄悄地，鲜艳地

相互辉映（辉映、辉映、辉映）生命之形象

滨之乡　滨之乡

歌声一结束，体育馆内响起了观众震耳的欢呼声，掌声雷动，不少教师感动得热泪盈眶。这一校歌是三善晃先生（原桐朋学园大学校长）的名曲，由我执笔填词的。三善晃先生很赞同该校办学的宗旨，曾两次访问该校，与学生交谈，因此他满怀着"祝愿"的心情，为这首交织着学生、教师和家长的声音的歌谱了曲。

"学习共同体"也是"祝愿的共同体"，作为相互呼应的公共圈的滨之乡小学，这首校歌成了他们的象征性"宝物"。

相互学习的教师们

举行公开研讨会的当天下午，正逢该校每月校内研讨的时间。大家先参观了五年级三班的教学情况，那里正在上"社会课"，内容是调查与学校相邻的"湘南支道"的建设历史。以这堂课为案例，该校为全体参观的教师展示了校内研讨的情况。该校本来就想公开学校内部的研讨，以求得大家的批评和指正。

在建设"学习共同体"方面，教师相互之间建立作为教育专家的共同提高的合作性同事关系是核心的课题。滨之乡小学把校内研讨放在了学校管理运营的中心工作的位置上。

每所学校每年都要进行三次左右的教学研究和讨论。然而，仅仅靠一年三次左右的校内研讨来改革学校的例子还没有出现过。所有教师一年内至少要有一次向同事开放教学、接受批评帮助的机会，做不到这一点，要在学校内部建立教师之间的合作关系是不可能的。把教室关闭起来，是在把教室私有化，这样的教师是不能称为公共教育的教师的。

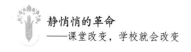
像滨之乡小学那样有28位教师的学校，至少要保证有28次公开研讨课。如果不是所有的教师都公开教学、互相批评的话，就不能从学校内部准备好改革的基础。

滨之乡小学从创建初开始，就把教学案例研究、确立合作性同事关系作为基本的方针提了出来，规定了每位教师要参加每月一次的校内研讨和每周一次的各年级组召开的教学研讨会，并把它作为学校运营管理的中心工作。如果把以年级为单位组织的公开课和独自召开的小型研讨会包含在内，该校一年内组织了近百次的研讨活动。

在每月一次的校内研讨会中，每次都有两位授课者按各自设定的主题公开教学，然后大家观看由我录制的录像带，进行讨论和评论。每一次课要安排近2小时的讨论时间，所以，通常讨论要从2点进行到7点左右。

一般学校每当校内研讨时，都以年级、学科为单位准备指导方案，为此花费大量的时间，而授课后的讨论则简单了事，这是很常见的。然而，滨之乡小学进行校内研讨时，指导方案都由授课者自己写。举行日常普通的公开教学，最重要的是观察教室中发生的具体事情，把精力倾注于课后的讨论，以达到教师同人间相互学习的目的。

在该校，不由学校或年级来决定"研究主题"，而是尊重每位教师的个性，由教师自己设定"研究主题"，并分别从县内的研究人员或教师中选定协助人员一起进行研究，举行公开教学。

这样，全校的校内研讨和按年级为单位组织的教学研讨会就成了教师间相互发挥个性、交流授课的形式和共同学习提高的基础。建校初，我曾以评论员的身份参加、主持过他们的讨论和评价，而在两学期后，大家在研讨会上都变得很活跃，能非常直爽地交换意见，我几乎已没有发言的时间了。大濑校长自己也几次担当过社会课的授课工作，并作为一个授课者接受其他教师的批评，这一点也是非常重要的。在该校，包括校长在内的所有教师都通过创造教学和相互批评，建立了教师作为专家的、共同进步的关系。

学校组织的改革

参加公开研讨会的各地教师对滨之乡小学的课程和学校组织的改革也表示出高度的关心。

滨之乡小学的课程表很简单，教师也好、学生也好，都能很清楚地明确活动的中心。例如，在该校既没有职员早晨的碰头会，也没有各班级的晨会。一到上课时间，教师和学生都在教室里读书15分钟，然后开始一天的学习。汉字和算术练习也在早上的这15分钟内完成。

上午的课程表上有两门课，每一门90分钟。这样安排是为了能有充分的时间组织学科的主题中心的学习或进行综合学习。当然，也可以把90分钟一分为二，上成45分钟为单位的课，也可分成三节课，每节上30分钟。因此，学习时间是很灵活的。

学校组织的精简做得更彻底了，该校教师除了参加研究教学

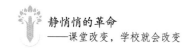

或课程建设的年级会和每月两次的全校教工会议外，就没有其他任何会议了，校务分工会议和校务委员会会议当然也统统没有。

没有会议并不是说就没有校务分工的工作。在该校一人一职，每一个人都分担着校务工作，他们和校长、教导主任商量，负责完成分担的事务，如需其他教师配合时，要向教职工会议提出。因为是一人一职的分工，所有没有必要开会。

通常，日本全国教师每周工作达52个小时，但其中只有一半时间用于授课、课程建设和研讨，大量时间都花费在会议和杂务上。滨之乡小学由于精简了学校组织，取消了除教工会议和年级会以外的一切会议，所以教师们能把大部分工作时间用于授课、课程建设和研究。不言而喻，教师能有充裕的时间去发挥自己的创造性。前面提到的一年中有100多次的教学案例研究，正是由于学校精简了组织，否则是不可能做到的。在滨之乡小学，"班级王国"的壁垒突破了，一个年级作为一个单位开展活动。例如，综合学习按年级协同体制准备课程，学生可以跨教室相互学习。

在通常的学科教学中，以年级为单位联合授课、联合指导的事也是家常便饭了。有时常常轮流交替上课，实现了教师间相互合作的关系，从学生的角度来说，也实现了接受多位教师指导的愿望。

公开研讨会当天分发的资料中，具体地提出了如何通过精简课程和学校组织，实现了作为专家的教师的协同合作，从而把学校变为"学习共同体"的步骤。参加会议的外县的校长和其他市的教育委员的发言，都表示了要以滨之乡小学为榜样，在自己所在的学校、地区实现"学习共同体"的意愿，整个会场不断地响起热烈的掌声。

滨之乡小学的挑战是才创立10个月的学校的实验，它们不过刚刚迈出了起始的第一步。要使学生能够更充分地发挥其潜力，今后恐怕还需要一年以上的实践积累。为了创造适合于"学习共同体"的课程，形成与家长、市民的稳定的合作关系，恐怕至少还需要三年以上的脚踏实地的努力工作。

但是，公开研讨会当天的学生、教师及参观者的气氛，让我们确信该校的挑战是开拓性的，它们已经向21世纪的学校迈出了宝贵的一步。

※·····※·····※

2000年春，滨之乡小学迎来了建校后的第三年。通过前两年的努力，创建"学习共同体"的实践已经在学校日常工作的各个方面扎扎实实地落实下来了。两年的时间使学生、教师、家长都逐渐地发生了变化。他们的变化尽管是很缓慢的，但越是缓慢，就显得越是扎实。变化最大、最珍贵的一点是学生和教师间的关系变得十分融洽，几乎在所有的教室里，都切切实实地建立了"相互倾听"的关系。在这种关系的基础上，两年内校内各个方面的研讨都开展起来了。

实际上，访问了滨之乡小学、参观了该校课堂的人们，都对该校教师和学生在缓慢的变化过程中逐渐建立起来的融洽关系，对他们如同合作编织东西那样的相互交流、相互学习的姿态留下

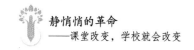
了深刻的印象。这里正在形成这样的教室：每一个人都情绪安定、性格开放，向自己和同伴的潜力挑战，每个人的个性虽有不同，但从这种差异出发，大家更好地开展着相互学习。

两年来，教师们进一步认识到，位于大城市郊外的新建住宅区的学校校区内的学生，承受着各种各样的社会的、文化的、经济的困苦而生活着。两年前建校初旷课的学生有近10名，但到第一年的第二学期后情况大有好转，所有的学生都到校上课了。但是，仔细观察了一个个学生后，发现很多学生是背着满满一包的烦恼来到学校的，情绪不安定的学生不是少数。因此，即使到了今天，建立谁都能安心地表现自我、相互学习的关系，仍然是教学改革的中心课题之一。

通过两年的时间，家长的"参与学习"也已在所有的教室里落实下来了，而且"参与学习"的形式在同年级、不同教室还有各种各样的表现方式。有的教室里，每月大致有一次家长作为助手参加教师的上课，有的年级一学期有一次综合学习或社会课，是用近一周的时间开展与家长一起合作备课的活动。虽然有各种各样的"参与学习"形式，但不论哪一种都有七成以上的家长参加，这就成了教师与家长通力合作培育学生的关系的基础。在前两年，学校研究部有一个会议是关于"参与学习"的，而从第三年起，已经决定取消这一会议，因为"参与学习"已在所有的教室里扎根落实了，往后只要通过与家长的亲密合作，进一步充实经验就可以了。

从"学习共同体"实验学校的作用方面来看，也可以说已达到了预期的目标。这两年中，该校的改革挑战曾两次在NHK（日本放送协会）教育电视台的特别节目中被报道，后来通过报纸、杂志、书籍等在全国广泛流传。在每月举行的校内研讨会和每年召开的公开研讨会上，不仅市内的教师和主管领导前来参加，而且从全国各地都有校长、教师和教育委员会成员前来参观访问。去年，茅崎市教育委员会参照滨之乡小学先行的实验经验，制订了学校改革十年计划，推动了在全国各地学校中正在开展的以滨之乡小学为榜样，进行学校改革的工作。每月从全国各地来访问的教师们的热切期待，支持并激励着该校教师们的改革实践。

迎来第三个年头的滨之乡小学的课题是创造高质量的学习和建设课程，可以说，它们已进入了一个永无止境的长期的改革阶段了。为创造能实现高质量学习的教学，首先要求教师的教养要提高到新的高度。这不是一般的教养，而是作为与学科内容或教材相关的专家的教养；不是从书本中学习的教养，而必须是通过自己教学的创造和反思而形成的实践性教养。要求把学习过去以"建立交流关系"为中心所进行的案例研究的那些经验"内容"作为中心，做更具体的研究。

课程建设也需要持续地、具体地实践。如果把课程看作"学习的履历"，那么，每天授课中的学习的创造就成了课程建设的具体过程。课程建设也是一个至少要花十年时间的大事业。这两年中，滨之乡小学的教师们不论在学科教学方面，还是在综合学习教学方面，都创造了很多学习的经验，积累了各种各样的好办法、教材及资料，今后还必须有意识地让这些积累在课程建设中发挥作用，开花结果。

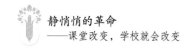
　　迎来了第三个年头的滨之乡小学将以这两个今后仍将持续研究的课题，即创造高质量的学习和建设课程为核心，继续面对新的更加艰巨的挑战。

结束语

　　教师的工作是复杂的工作。教师自身对于这种复杂性是否有充分的认识还很难说。一方面，多数教育学专业的学者把教师的工作看得过于简单，更不用说教育行政人员、大众媒体的有关人士等行外一般人的看法了，他们认为教师工作谁都可以胜任。正因为有这样根深蒂固的看法，所以教师的工作一向不为人们所理解。基于这种不理解，而卷起了对教师不信任的旋涡，大家都要求学校进行改革。而另一方面，大多数教师误解了学生的愿望，学生需要的是"能从容平和地、安心地学习的学校"，而不是"一切都明确规定、热热闹闹的学校"。

　　尽管如此，仍然有不少教师面对着工作的困难，倾听着学生无声的语言。他们尽管知道这是对谁来说都不好做的极为困难的工作，但仍然持续地努力着，为的是让学生的学习能够丰富起来，哪怕是丰富一点儿也好。这些执着的教师们的工作实践让我受益匪浅，为了将他们的经验能够部分地表现出来，故出版了本书。为此，我谨向与本书有关的所有教师致谢。

　　在本书中，这几年执笔写成的三次连载文章的内容分别构成了第一章、第二章和第三章，而涉及学校改革实例的文章汇集到了第四章。第一章曾是连载于日本学习方法研究会的会刊《学习方法》的《教室的风景——小事情的大意义》（全七篇）；第二章也是《学习方法》连载的《改革教学——改革学校》（全六篇）；第三章是连载于日本教育报的《佐藤学课程讲座——设计学习》（全十八讲）。在编写本书时，各篇文章均做过若干补充。

本书所采用的事例都是我本人直接参与过的学校和课堂的实践。就在这几年中，我看到了在学校和教室里所发生的无数改革的实例，从中学到了许多东西，本书所介绍的仅仅只是其中的一部分而已。若读者能以本书为指南，去关注你身边的学校和教室里正在发生的静悄悄的改革动态的话，则作者甚幸。

　　本书的出版承蒙学习方法研究会半泽隆夫先生的推荐而得以实现。半泽先生对常常迟到的连载文稿每次都给予耐心的鼓励。小学馆的宫腰壮吉林先生对本书的编辑给予了直接的关照，并托他的帮助而有幸得到了东京艺术大学教授绢谷幸二先生的现代画来做本书的封面装饰（译者注：指日文版），在此一并表示感谢！

出 版 人　所广一
责任编辑　杨　巍
装帧设计　许　扬
封面摄影　许　扬
责任校对　贾静芳
责任印制　叶小峰

图书在版编目（CIP）数据

　　静悄悄的革命：课堂改变，学校就会改变／（日）佐藤学著；
李季湄译. —北京：教育科学出版社，2014.11（2017.1重印）
　　书名原文：Jugyo O Kaeru Gakko Ga Kawaru
　　ISBN 978 - 7 - 5041 - 9071 - 0

　　Ⅰ.①静… Ⅱ.①佐… ②李… Ⅲ.①课堂教学—教学研究—日本
Ⅳ.①G424.21

　　中国版本图书馆CIP数据核字（2014）第223331号

　　北京市版权局著作权合同登记章 图字：01 - 2013 - 5419号

静悄悄的革命——课堂改变，学校就会改变

JINGQIAOQIAO DE GEMING——KETANG GAIBIAN,XUEXIAO JIU HUI GAIBIAN

出版发行	**教育科学出版社**		
社　址	北京·朝阳区安慧北里安园甲9号	市场部电话	010 - 64989009
邮　编	100101	编辑部电话	010 - 64981265
传　真	010 - 64891796	网　址	http://www.esph.com.cn
经　销	各地新华书店		
印　刷	北京东君印刷有限公司		
开　本	168毫米 × 239毫米　16开	版　次	2014年11月第1版
印　张	10.75	印　次	2017年1月第19次印刷
字　数	120千	定　价	29.80元

Original Title:

JUGYO O KAERU GAKKO GA KAWARU

By Manabu SATO

© 2000 Manabu SATO

All rights reserved.

Original Japanese edition published by SHOGAKUKAN. Chinese translation rights in China (excluding Hong kong, Macao and Taiwan) arranged with SHOGAKUKAN through Shanghai Viz Communication Inc.

北京市版权局著作权合同登记章 图字：01－2013－5419号